동화로 배우는
어린이 경제

교학사

동화로 배우는
어린이 경제

2000년 11월 15일 1판 1쇄 발행 2012년 5월 15일 1판 12쇄 발행

글_호원희 그림_이재민
펴낸이_양철우 펴낸곳_(주)교학사 등록_1962년 6월 26일 18-7호
주소_서울특별시 마포구 공덕동 105-67 전화_영업(02)7075-155 편집7075-328
박은곳_서울특별시 금천구 가산동 319-7 (주)교학사 공무부
편집_김진홍 이은경 문인곤 류외향 김혜영 북디자인_이재민

저자와의 협약에 의하여 인지는 붙이지 않습니다. 서면에 의한 (주)교학사의 허락 없이 이 책에 실린 글이나
그림의 일부 또는 전체를 어떠한 형태로든 변조하거나 무단 복제할 수 없습니다.

ⓒ호원희 2000
ISBN 978-89-09-06382-1
www.kyohak.co.kr
prited in korea

바른 경제 생활을 하는 어린이

여러분은 어떤 선물을 받고 싶은가요? 게임기, 자전거, 예쁜 인형, 책……. 받고 싶은 선물은 많겠지만 이 모든 것에는 한 가지 공통점이 있습니다. 모두 돈을 주고 사야 한다는 것이지요.

현대 사회에서는 누구나 돈을 사용합니다. 이렇게 끊임없이 돈을 쓰면서 살아간다는 것은 곧 우리들 누구나 경제 행위를 하고 있다는 의미입니다. 그렇다고 돈이 곧 경제는 아니에요. 돈은 경제의 일부분에 지나지 않지요. 경제가 무엇인지는 이 책을 읽으면 쉽게 알 수 있을 거예요.

'숲속 마을의 수요와 공급'에서는 동물 친구들이 가격은 어떻게 정해지는지에 대해 설명해 줄 거예요. 불쌍한 '망' 씨 아저씨가 더 이상 망하지 않으려면 어떻게 해야 하는지 여러분도 함께 생각해 보세요.

다음에는 바닷속 마을로 들어가 볼 차례예요. 멍게 사장님의 억울한 사정을 듣다 보면, 생산 활동에 대해 훤히 알게 될 거예요.

바닷속 구경을 한 다음에는 별나라로 날아갈 테니 우주선에서 안전벨트 매는 것 잊지 마세요. 화폐가 없는 '없다' 나라, 은행이 없는 '없고' 나라, 주식이 없는 '없는' 나라 사람들은 무엇이 불편한지 잘 살펴보고 오세요.

꼬마 왕이 다스리는 꼬망 나라에 큰일이 났대요. 물가가 엄청나게 뛰어서 꼬망이 그물 메고 새총 들고 물가 잡으러 나섰대요. 꼬망이 과연 새총을 탕 쏴서 물가를 잡아올 수 있을지 따라가 보고 국민 경제에 대해서도 공부하세요.

마지막으로는 개미 나라 미순이와 미돌이의 해외 여행 이야기를 들으며 무역에 대해 알아볼 거예요.

이렇게 여러 나라를 돌아다니는 동안 여러분은 우리가 알게 모르게 얼마나 많은 경제 행위를 하며 살고 있는지 깨달을 수 있을 거예요. 그리고 현명하고 바른 경제 생활을 할 수 있는 지혜도 얻을 수 있을 거예요.

지은이 씀

차 례

숲속 마을의 수요와 공급 ········ 7

상품 이야기	멧돼지 아저씨는 뭘 몰라 ········ 8	
	재화와 용역이 무엇인가요?	
효용 이야기	알밤 케이크는 이제 그만! ········ 16	
	효용이란 무엇인가요?	
수요 이야기 1	도토리는 안 사요, 안 사! ········ 24	
	수요는 왜 변하는가요?	
수요 이야기 2	여우도 손해 볼 때가 있다 ········ 32	
	열등재와 정상재	
공급 이야기	안 팔아요, 안 팔아! ········ 38	
	공급도 수요처럼 변해요	
가격 이야기	불쌍한 망씨 아저씨 ········ 46	
	가격은 어떻게 결정되나요?	

바닷속 나라의 생산 활동 ········ 53

생산 이야기	꽃게 영차의 고민 ········ 54	
	생산을 위해서는 어떤 요소가 필요한가요?	
생산량과 생산비	멍게 사장님은 억울합니다 ········ 62	
	생산비는 어떻게 정해지나요?	
임금 이야기	거북이 취직 좀 시켜주세요 ········ 68	
	임금은 어떻게 정해지나요?	
독점과 경쟁	큰머리 주식 회사의 미역 주스 ········ 74	
	시장의 종류에는 어떤것들이 있나요?	

'없어' 별의 금융 ·········· 83

돈 이야기	'없다' 나라에 없는 것 ········· 84	
	돈이 왜 생겼을까요?	
은행 이야기	'없고' 나라에 없는 것 ········· 92	
	은행에서는 어떤 일들을 할까요?	
이자 이야기	'없고' 나라의 국민 투표 ········ 100	
	이자가 왜 필요한건가요?	
주식 이야기	'없는' 나라에 없는 것 ········· 106	
	주식회사는 어떻게 해서 생겼나요?	

꼬망 나라의 경제 ················ 113

세금 이야기	생일세, 결혼세, 우등생세 ········ 114	
	세금은 왜내야 하나요?	
물가 이야기	그물 메고, 새총 들고 물가 잡으러 가자 ···· 124	
	인플레이션은 국민 경제에 어떤 영향을 주나요?	
국민 총생산	'낭비 금지법'을 선포하노라 ······· 130	
	국민 총생산은 어떻게 구하나요?	
실업 이야기	놀고먹는 사람들을 모두 잡아들여라 ···· 138	
	실업자는 왜 생기나요?	

개미 나라의 무역 ················ 147

무역 이야기	미순이의 해외 여행 ··········· 148	
	무역은 수입과 수출로 이루어져요	
환율 이야기	미돌이의 꿀벌 나라 여행 ········ 156	
	환율은 어떻게 결정 되나요?	
무역 분쟁 이야기	여왕개미와 여왕벌의 한판 승부 ···· 162	
	자유 무역과 보호 무역	
국제 수지 이야기	미순이의 용돈 기입장 ········· 170	
	국제 수지란 무엇을 말하나요?	

숲속 마을의 수요와 공급

- ●상품 이야기 멧돼지 아저씨는 뭘 몰라
- ●수요 이야기1 도토리는 안 사요, 안 사!
- ●공급 이야기 안 팔아요, 안 팔아!
- ●효용 이야기 알밤 케이크는 이제 그만
- ●수요 이야기2 여우도 손해 볼 때가 있다
- ●가격 이야기 불쌍한 망씨 아저씨

멧돼지 아저씨는 뭘 몰라

멧돼지 아저씨는 숲속 마을에서 손꼽히는 부자입니다. 철이 많이 나는 광산과 넓은 논밭을 가지고 있습니다. 그래도 멧돼지 아저씨는 돈을 더 많이 벌지 못해 안달입니다. 하루 종일 '어떻게 하면 떼돈을 벌 수 있을까' 만 생각하느라고 머리털이 다 빠져 버릴 지경입니다.

어느 날 아저씨는 쇠못을 사러 철물점에 갔습니다. 그런데 쇠못 하나가 500원이나 하는 것을 보고는 펄쩍 뛰었습니다.

"아니, 뭐라고? 못 하나에 500원이라니 말도 안 돼. 내 광산에서 캐낸 철은 이만한 무게를 겨우 100원에 파는데. 아이고, 억울해라."

이 날부터 멧돼지 아저씨는 철값을 5배나 올렸습니다. 그러자 아무도 더 이상 멧돼지 아저씨에게서 철을 사지 않았습니다. 결국 얼마 뒤 아저씨는 철값을 원래대로 내릴 수밖에 없었습니다.

며칠 뒤, 멧돼지 아저씨는 떡국을 끓여 먹으려고 방앗간에 흰떡을 사러 갔습니다. 그런데 떡국을 끓일 수 있도록 썰어놓은 떡이 1kg에 2000

원이나 하는 것을 보고 또 한번 깜짝 놀랐습니다.

"아이고, 억울해라. 나는 쌀을 1kg에 1000원 받고 팔았는데 그 쌀로 만든 떡을 2000원이나 받다니……."

그 해 추수 때 아저씨는 쌀값을 2000원으로 올렸습니다. 그러자 아무도 멧돼지 아저씨네 쌀을 사지 않았습니다. 창고에 가득 쌓인 쌀은 봄이 지나고 장마철이 되자 습기가 차서 아저씨는 하는 수 없이 600원씩에 쌀을 팔아야 했습니다.

이렇게 해서 손해를 잔뜩 보고 난 멧돼지 아저씨는 돈을 더 많이 벌기 위해 새로운 사업을 시작하기로 했습니다.

'어떤 사업을 하면 돈을 많이 벌 수 있을까?'

멧돼지 아저씨가 우물가 나무 그늘에 앉아 이런 고민을 하고 있을 때였습니다. 마침 지나가던 다람쥐 형제 아람이와 다람이가 아저씨네 우물에 들러 물을 마셨습니다.

"와, 시원하다. 목말라서 혼났네."

"만약 물이 없다면 어떻게 살까?"

"그러게 말이야."

아람이와 다람이는 이렇게 재잘거리면서 우물가를 떠났습니다. 옆에서 아람이와 다람이의 이야기를 듣고 있던 멧돼지 아저씨는 무릎을 탁 쳤습니다.

"옳지! 바로 그거야."

아저씨는 곧바로 집에 들어가서 푯말에 다음과 같이 써 가지고 나왔습니다.

'우물물 한 바가지 10000원'

멧돼지 아저씨는 이 푯말을 우물가에 세워 놓고 하루 종일 그 앞을 지켰습니다. 커다란 금고와 계산기까지 준비해 두었습니다. 얼마쯤 지나자 염소가 우물로 다가왔습니다. 무심코 물을 뜨려던 염소는 푯말에 쓰여 있는 글을 보고 화들짝 놀라서 바가지를 내려놓았습니다.

"물 한 바가지에 10000원이라고?"

"그렇다니까."

염소가 묻자 멧돼지 아저씨는 거드름을 피우며 대답했습니다.

"인심도 사납군. 이웃끼리 물값을 받다니? 자기가 무슨 봉이 김선달인 줄 아나?"

"무슨 소리를 하는 거야? 물 안 먹고 살 수 있는 동물 있으면 나와 보라고 그래. 물이 얼마나 귀중한 건데 이 정도가 비싸다는 거야?"

염소는 더 이상 대꾸도 하지 않고 옆집 고슴도치네로 가서 물 한 사발을 얻어 마셨습니다. 염소가 소문을 낸 탓인지 그 뒤로 멧돼지 아저씨네 우물로 물을 마시러 오는 동물은 하나도 없었습니다.

첫 번째 '우물물 판매 사업'에 실패하고 난 멧돼지 아저씨는 곧 또 다른 사업을 궁리했습니다. 이번에는 스스로 일을 해서 돈을 벌기로 했습니다.

"돈을 벌려면 자기가 제일 잘할 수 있는 일을 하라고 하던데 내가 제일 잘하는 게 뭐지? 머리로 들이받기는 잘할 수 있는데. 하지만 그건 소가 나보다 더 잘해. 코로 땅 파기도 잘하지만 그건 두더지를 따라갈 수 없어. 다른 누구보다도 더 잘할 수 있는 게 뭐 없을까?"

한참을 고민하던 멧돼지 아저씨는 드디어 자기한테 꼭 맞는 일을 찾아냈습니다.

"맞았어! 바로 그거야. 먹는 일! 먹기 잘하기로는 이 숲속 마을에서 나를 따라올 동물이 아무도 없을 거야."

멧돼지 아저씨는 이튿날 아침 숲속 마을 신문에 다음과 같은 광고를 실었습니다.

'먹어 드립니다. 어떤 음식이든 남김없이 아주 맛있게 먹어 드릴 테니 필요한 분은 연락 주세요. - 멧돼지 -'

아저씨는 하루 종일 전화기 앞에 붙어 앉아 먹어 달라는 연락이 오기만을 기다렸지만 한 달이 가도, 두 달이 가도 그런 전화는 걸려오지 않았습니다.

"이상하다, 왜 아무도 나한테 일을 맡기지 않는 걸까?"

클릭! 어린이 경제

재화와 용역이 무엇인가요?

아주 먼 옛날에 사람들은 자신에게 필요한 물건을 직접 만들어 썼습니다. 농사를 짓고 사냥을 해서 먹을 것을 마련하고, 짐승의 가죽이나 나뭇잎으로 옷도 만들어 입었습니다. 가끔 텔레비전에 나오는 아프리카나 동남 아시아의 외딴 곳에 사는 원주민들의 생활을 보면 어떤 모습인지 짐작할 수 있을 것입니다. 이들은 자신에게 필요하지 않은 물건은 만들지 않습니다.

하지만 지금 우리들의 생활은 이와 전혀 다릅니다. 아빠, 엄마는 직장에 나가 하루 종일 일을 하지만 그 일이 꼭 자기 자신이나 가족에게 직접적으로 필요한 것은 아닙니다.

예를 들어 미용사는 다른 사람들의 머리를 잘라 주고, 농부는 얼굴도 모르는 도시 사람들이 먹을 곡식과 채소를 기릅니다. 그렇다고 이 사람들이 모두 남을 위해 그저 봉사하는 것일까요? 그렇지는 않습니다. 그 일에 대한 값으로 돈을 받으니까요. 미용사나 농부나 각자 자신이 잘 할 수 있는 일을 맡아서 하는 것 뿐입니다. 사람들이 자신이 신을 신발을 스스로 만들어 신는 것보다는 신발 만드는 데 솜씨가 있는 사람이 만드는 것이 훨씬 빠릅니다. 또 그보다는 신발 만드는 기술을 가진 사람들이 한 곳에 모여서 서로 협력하며 일을 하는 것이 더 효과적입니다.

사람들은 어떠한 일로 돈을 벌면 그 돈으로 생활에 필요한 여러 가지 물건을 삽니다. 음식, 옷, 가전 제품, 가구, 책, 자동차 등 우리에게 필요한 물건은 무척 많습니다. 이와 같이 인간의 욕망을 충족시켜 주는
물건들을 **재화**라고 합니다. 우리의 생활에는 물건뿐 아니라 편지를 배달해 주거나 고장난 가전 제품을 수리하는 등의 일도 없어서는 안 됩니다. 이처럼 눈에 보이는 물건은 아니지만 인간의 욕망을 충족시켜 주는 일을 **용역**(서비스)이라고 합니다.

그리고 다른 사람에게 대가를 받고 팔기 위해 만들어 내는 재화와 용역을 통틀어 **상품**이라 하고 모든 상품이 가진 쓸모를 **가치**라고 합니다.

그런데 여기서 한가지 주의할 점이 있습니다. 상품은 나에게뿐 아니라 다른 여러 사람에게도 가치가 있어야 한다는 점입니다. 예를 들어 여러분이 유치원 때 그린 그림은 여러분 자신에게나 가족에게는 가치 있는 물건이겠지만 그 밖의 사람들에게는 그다지 가치가 없을 것입니다. 이처럼 내게만 가치가 있는 것은 상품이 될 수 없습니다. 다른 사람에게도 가치가 있어서 갖고 싶어하는 것이어야만 상품이 될 수 있습니다.

멧돼지 아저씨의 '먹어주기' 사업을 생각해 봅시다. 이 사업은 대가를 받고 용역을 제공하는 것이었습니다. 하지만 '먹어주기'는 다른 동물들에게 아무런 가치도 갖지 않기 때문에 상품이 될 수 없었습니다. 멧돼지 아저씨는 바로 이 점을 모르고 있었던 것입니다.

상품의 가치가 얼마나 되느냐를 나타내는 것이 바로 **가격**입니다. 가치가 큰 상품은 그만큼 가격이 높고, 가치가 적은 상품은 가격이 낮습니다. 그렇다면 상품의 가치는 무엇에 의해 결정될까요? 왜 쇠못은 쇳덩이보다 비싸고, 떡은 쌀보다 비쌀까요? 또, 똑같은 상품의 가격이 올라갔다 내려갔다 하는 이유는 무엇일까요?

상품의 가치는 거기에 들어가 있는 재화와 용역의 양에 의해 결정됩니다. 쌀의 가격에는 씨앗, 비료, 여러 가지 농기구, 농부의 노동 등이 들어 있습니다. 그런데 떡에는 여기에 방앗간 주인의 노동과 쌀을 빻고 찌고 뽑아 내고 써는 기계들, 그 기계들을 돌리는데 들어가는 전기 등의 비용이 더해집니다. 그렇기 때문에 떡은 쌀보다 비싼 것입니다. 금덩이와 금반지도 마찬가지입니다. 멧돼지 아저씨는 또한 이것을 이해하

지 못했던 것이지요..

하지만 여기에도 예외가 있습니다. 멧돼지 아저씨의 우물물 장사를 생각해 봅시다. 물론 물은 누구에게나 무척 가치 있는 것입니다. 그럼에도 불구하고 왜 멧돼지 아저씨네 우물물은 상품이 되지 못했을까요?

그것은 너무 흔하기 때문입니다. 비슷한 우물은 고슴도치네 뒷마당에도 있고, 여우네 앞마당에도 있습니다. 우물물이 아니더라도 샘이나 개울에서도 얼마든지 물을 구할 수 있습니다. 그렇기 때문에 숲속 마을 동물들은 굳이 돈을 주고 멧돼지 아저씨네 우물물을 사 먹을 까닭이 없었던 것입니다. 이게 바로 멧돼지 아저씨의 우물물 사업이 실패한 이유지요.

숲속 마을과 달리 우리 사회에서 물은 엄연히 하나의 상품입니다. 수돗물도 쓴 만큼 요금을 내야 하고 생수도 사 마셔야 합니다. 예전에는 우리 사회에서도 냇물이나 우물물을 그냥 먹을 수 있었지만 환경 오염으로 깨끗한 물이 귀해지자 물도 상품으로서 가치를 갖게 된 것입니다.

우리 사회에서 누구에게나 꼭 필요한 것임에도 상품이 아닌 것에는 공기가 있습니다. 공기를 팔고 사는 것을 본 적이 있나요? 공기는 어디에나 너무 흔하게 널려 있기 때문에 상품이 될 수 없는 것입니다.

일본에서는 깨끗한 산소를 가득 채운 커다란 캡슐 모양의 방을 쉼터로 제공하는 '산소방'이 인기를 끌고 있다는 소식도 있지만, 여기서는 일단 상품이 아닌 것으로 보겠습니다. 하지만 지구가 계속 오염된다면 물처럼 공기를 사 쓰는 시대가 올지도 모르겠습니다.

알밤 케이크는 이제 그만!

숲속 마을의 다람쥐 다람이에게는 요즘 고민거리가 하나 있습니다. 숲속 마을 시장에서 제과점을 하는 양양이라는 여자 다람쥐 때문입니다. 언제부턴지 양양이는 다람이만 보면 졸졸 좇아다니면서 자꾸만 말을 건넵니다.

"쟤는 왜 저렇게 나만 졸졸 좇아다니는지 몰라."

다람이는 이렇게 겉으로는 투덜거리지만 속으로는 우쭐해져 있었습니다.

"잘생긴 것도 탈이라니까."

다람이가 이렇게 잘난 척을 할 때면 형 아람이는 속으로 여간 아니꼬운 게 아니었습니다.

그러던 어느 날 양양이가 심각해진 얼굴로 아람이에게 말했습니다.

"다람이는 왜 나를 싫어하는지 모르겠어. 아람아, 나 좀 도와 줘. 어떻게 하면 다람이하고 친해질 수 있을까? 다람이 뭐 좋아하니?"

"그야 물론 먹는 거지. 다람이는 정말 먹보라니까."

아람이가 이렇게 빈정거렸지만 양양이는 눈을 반짝이며 얼른 캐물었습니다.

"그래? 그럼 제일 좋아하는 음식이 뭐야?"

"글쎄, 다람이는 아무거나 다 잘 먹는데, 그 중에서도 도넛을 제일 좋아해."

아람이는 괜히 심술이 나서 양양이에게 거짓말을 하고 말았습니다. 사실 도넛은 다람이가 제일 싫어하는 음식이거든요. 언젠가 도넛을 먹고 체한 적이 있는데 그 뒤로는 도넛 근처에도 가지 않습니다.

이런 일이 있고 나서 며칠이 지난 뒤였습니다. 아람이와 다람이는 오후에 시장에 갔습니다. 이것저것 사야 할 것도 많고 시장 구경도 하고 싶었습니다.

"형, 우리 저기 저 운동화 사자. 내 운동화는 물이 샌단 말이야."

"안 돼. 운동화 살 돈은 없어. 다음에 사자."

다람이는 눈에 보이는 대로 물건을 사고 싶어했지만 아람이는 사야 할 물건을 쪽지에 적어 와서는 그것 이외에는 절대로 사지 않았습니다.

"형, 우리 알밤 케이크 하나만 사 가지고 가자."

"안 돼. 알밤 케이크 하나 살 돈이면 알밤 쿠키랑 도토리 빵을 두 개나 살 수 있어. 그러면 끼니도 되고 간식도 되니까 훨씬 이익이라고."

"그래도 난 알밤 케이크 먹고 싶은데……."

아람이와 다람이는 이렇게 입씨름을 하면서 양양이네 제과점으로 들어갔습니다.

그러자 양양이는 기다렸다는 듯이 다람이에게 도넛을 내밀었습니다. 다람이는 이마에 식은땀까지 흘리며 어쩔 줄 몰라 했습니다.

"토할 것 같아."

다람이는 이렇게 소리치고는 밖으로 달아나 버렸습니다. 다람이가 나가 버리자 양양이는 펑펑 울면서 아람이에게 하소연을 했습니다.

"아람아, 내가 그렇게 못생겼니? 어쩌면 다람이는 나를 보고 토할 것 같다고 할 수가 있니? 정말 너무해."

아람이는 아무래도 장난이 너무 심했다는 생각이 들어서 양양이에게 거짓말한 것을 털어놓았습니다. 그리고 이번에는 다람이가 정말로 좋아하는 음식이 무엇인지 가르쳐 주었습니다. 그것은 알밤 케이크였습니다.

하지만 아람이가 이 말을 한 뒤 꼭 일 주일 만에 알밤 케이크도 다람이가 제일 싫어하는 음식 중의 하나가 되어 버렸습니다. 왜 그렇게 되었냐고요?

양양이는 아람이의 귀띔에 따라서 그 날부터 매일 알밤 케이크 하나씩을 다람이네 집으로 배달시켰습니다. 그것도 양양이네 제과점에서 제일 큰 것으로 말이에요. 처음에는 물론 다람이도 무척 좋아했습니다.

"여태까지 먹어 본 알밤 케이크 중에 제일 맛있다."

부스러기 하나 남기지 않고 먹어치운 다람이는 그래도 아쉬운 듯 손가락까지 빨아 댔습니다. 하지만 하루가 지나고 이틀이 지나고 사흘째

가 되자 알밤 케이크가 전처럼 맛있지 않았습니다.
"어떻게 된 거지? 양양이가 알밤 케이크에 뭐 다른 걸 넣었나? 왜 예전처럼 맛이 없는지 모르겠어."
그렇게 일 주일이 지나자 다람이도 아람이도 알밤 케이크는 거들떠보지도 않게 되었습니다. 음식을 버리면 안 된다는 엄마 다람쥐의 말씀이 생각나서 차마 내다버리지는 못하고 억지로 먹자니 정말 지겨웠지요.

생각다 못해 다람이는 양양이에게 편지를 썼습니다. 아람이가 편지를 들고 가자 양양이는 드디어 연애 편지를 받게 된 줄만 알고 뛸 듯이 기뻐했습니다. 하지만 그 편지에는 딱 열 글자밖에 쓰여 있지 않았습니다.

'알밤 케이크는 이제 그만!'

효용이란 무엇인가요?

사람이 살아가기 위해서는 수많은 종류의 재화와 용역이 필요합니다. 엄마와 함께 시장이나 백화점에 한번 나가 보세요. 사고 싶은 것이 정말 많지요? 하지만 모든 상품이 모든 사람에게 똑같은 정도로 필요한 것은 아닙니다.

어떤 사람은 도넛이라면 앉은 자리에서 10개라도 먹어치울 정도로 좋아하지만 다람이는 도넛 냄새만 맡아도 얼른 고개를 돌립니다. 병에 걸려 죽어 가는 사람에게는 그 병을 고칠 수 있는 약이 전 재산을 주고라도 사고 싶은 상품이겠지만 건강한 사람에게는 별 소용이 없습니다. 이렇게 각자 필요로 하거나 좋아하는 재화와 용역이 사람들마다 다릅니다.

사람들은 자신이 원하는 상품을 소비함으로써 만족을 얻습니다. 이렇게 하나의 상품을 소비함으로써 얻는 만족을 **효용**이라고 합니다. 맛있는 것을 먹어서 배가 부르고 즐겁고 힘이 나고 몸이 튼튼해지는 것, 미장원에 가서 머리를 잘라서 예뻐지고 단정해지는 것 등이 모두 효용입니다.

그런데 필요하거나 좋아하는 상품을 모두 가질 수 있는 것은 아닙니다. 자신의 수입 범위 안에서만 구입해야 합니다. 아람이가 시장에 갈 때 사야 할 물건의 목록을 적어 가지고 가서 꼭 그것만 사려는 이유도 여기에 있습니다.

그러므로 소비자는 같은 값이면 좋은 물건, 자신에게 꼭 필요한 물건을 사고 싶어합니다. 그래야만 효용이 커지기 때문입니다.

또, 소비자는 두 상품의 품질이 같은 경우 당연히 값이 싼 쪽을 선택할 것입니다. 자, 여기 색깔과 크기가 비슷한 사과를 파는 과일 가게 두 곳이 나란히 있습니다. 한 곳에서는 1000원에 5개를 주고 다른 한 곳에서는 6개를 줍니다. 여러분이라면 어떤 가게에서 사과를 사겠습니까? 물론 6개를 주는 가게를 선택할 것입니다. 5개보다는 6개가 효용이 크기 때문입니다.

그런데 이렇게 산 사과를 한꺼번에 다 먹는다고 합시다. 사과 5개를 먹었을 때의 효용을 50이라고 한다면, 6개를 먹었을 때의 효용은 60이 될까요? 꼭 그렇지는 않습니다. 물론 상품의 양이 많아질수록 전체 효용은 커집니다. 그렇다고 사과 1개를 더 먹을 때마다 똑같이 10만큼씩 효용이 늘어나는 것은 아닙니다.

이 때 소비자가 어떤 상품을 1단위 더 소비하면서 늘어난 효용(만족감)을 **한계 효용**이라고 합니다. 단 이 때 다른 상품을 함께 소비하지 않아야 합니다. 과자나 빵을 잔뜩 먹고 밥을 먹을 때와 그렇지 않을 때와 전혀 다르기 때문입니다.

　아람이와 다람이도 처음에는 알밤 케이크를 아주 맛있게 먹었습니다. 하지만 처음 먹은 것이 가장 맛있고, 두 번째 먹은 것은 그보다는 맛이 덜했습니다. 세 번째 먹은 것은 두 번째 먹은 것보다도 더 맛이 떨어졌고, 나중에는 '알밤 케이크는 이제 그만!'이라고 소리칠 정도로 질리게 되었습니다. 첫 번째 알밤 케이크를 먹었을 때 효용이 가장 컸고, 뒤로 갈수록 효용이 점점 적어진 것입니다.

　이에 비해 각 한계 효용들을 합한 총효용은 일정한 시점까지는 계속 늘어납니다. 즉 아람이, 다람이 형제가 '이제 그만!'이라고 할 때까지는 알밤 케이크의 전체 효용의 크기는 조금씩이나마 늘어난다는 것입니다.

눈치채셨나요? 우리가 어떤 재화를 소비할 때 소비하는 양이 많으면 많을 수록 한계 효용이 점점 줄어든다는 것을요. 이를 **한계 효용 체감의 법칙**이라고 합니다.

다람쥐 형제의 경험처럼 누구나 겪어서 알고 있는 평범한 진리지요.

도토리는 안 사요, 안 사!

숲속 마을에 눈이 소복이 왔습니다. 밤새 눈이 얼마나 많이 쌓였는지 어디가 길이고 어디가 숲인지 잘 알 수 없을 정도였습니다. 다람쥐 형제 아람이와 다람이는 쌓인 눈 때문에 아무 곳에도 가지 못하고 집 앞에서만 놀아야 했습니다.

"우리 이제 들어가서 맛있는 것 만들어 먹자."

날이 저물자 아람이와 다람이는 집으로 들어가서 먹을 것을 찾았습니다. 하지만 집 안에 먹을 것이라고는 도토리밖에 없었습니다. 눈이 녹아 시장으로 가는 길이 뚫릴 때까지는 계속 도토리만 먹어야 할 것입니다. 아람이와 다람이네 집 근처에는 도토리 나무가 여러 그루 있기 때문에 겨울 동안 먹을 도토리는 충분합니다.

"도토리는 이제 그만 먹고 싶어. 알밤을 한 바구니 삶아 먹으면 얼마나 좋을까?"

"난로에 구워서 호호 불어 가며 까먹으면 얼마나 맛있을까?"

아람이와 다람이는 달콤한 알밤 생각이 간절해져 군침만 삼키고 있었습니다.

그 때였습니다. 똑똑똑, 누군가 문을 두드렸습니다.

"누구세요?"

"두더지 할아버지야. 문 좀 열어 줘."

두더지 할아버지는 이렇게 눈이 많이 와서 길이 끊어져 버린 겨울이면 물건을 싸들고 이집 저집 다니면서 물건을 파는 보따리 장수입니다. 아람이와 다람이는 두더지 할아버지가 무척 반가웠습니다. 요 며칠 동안 만나 본 동물이라고는 옆집 토끼네 식구밖에 없었으니까요. 그리고 그보다 더 반가운 것은 두더지 할아버지의 보따리였습니다.

"할아버지, 어서 오세요."

다람이가 문을 열자 할아버지는 커다란 자루를 둘러메고 안으로 들어왔습니다.

"오늘은 맛있는 도토리와 당근을 잔뜩 갖고 왔지. 좀 사지 않으련?"

도토리는 안 사요 안 사!

"도토리라고요?"
아람이와 다람이가 똑같이 소리를 질렀습니다.
"도토리는 우리 집에도 많이 있어요."
"저런! 그럼 당근은 어때? 아주 달고 시원한데."
"저희는 당근 안 먹어요."
다람이가 손을 내저었습니다.
"할 수 없군. 그럼 토끼네 집으로나 가 봐야겠군."
두더지 할아버지는 중얼거리며 문을 나섰습니다. 아람이와 다람이는 다시 도토리를 갉아먹기 시작했습니다.
톡톡톡, 누군가 창문을 두드렸습니다.
"누구세요?"
아람이가 커튼을 걷었더니 기러기 아주머니가 부리로 창을 두드리고 있었습니다. 다람이가 창문을 열자 아주머니는 긴 목을 방 안으로 들이밀고 말했습니다.
"얘들아, 맛있는 도토리 좀 사지 않겠니?"
"도토리는 지겨워요!"
아람이와 다람이가 소리를 지르며 도토리 자루들을 가리켰습니다.
기러기 아주머니도 아쉬워하며 날아갔습니다.
"눈이 오기 전에 알밤을 좀더 많이 사놓을 걸 그랬어."
하는 수 없이 다시 도토리를 까먹으며 아람이가 말했습니다.
올해는 유난히 밤 값이 비쌉니다. 숲속 마을에는 밤나무가 모두 다섯 그루 있었습니다. 여우 아줌마네 두 그루, 다람쥐 돌돌이 아저씨네 두 그루, 그리고 다람쥐 아삭이 아줌마네 집에 한 그루가 있었습니다. 그런데 올해는 돌돌이 아저씨네 밤나무 한 그루가 병이 들어서 밤을 하나도 따지 못했습니다. 나머지 한 그루에서 딴 밤도 별로 많지 않았습니다. 더구나 여우 아줌마는 밤나무 한 그루를 베어 버리고 그 자리에 새로 집을 지었습니다. 그 바람에 밤 값이 많이 오른 것입니다.

작년에는 밤 한 바구니에 2000원이었는데 올해는 3000원이나 합니다. 아람이와 다람이는 작년에는 일 주일에 두 바구니씩 밤을 사 먹었는데 올해는 한 바구니밖에 사지 못했습니다.

"그래도 내년부터는 돌돌이 아저씨네 새로 심은 밤나무에 밤이 열리기 시작할 테니까 값이 내리겠지?"

"맞아, 맞아. 한 바구니에 1000원만 하면 이틀에 한 바구니씩은 사 먹을 수 있을 텐데."

아람이와 다람이가 이런 얘기를 하고 있는 사이에 깜깜한 밤이 되었습니다. 아람이와 다람이는 금세 잠이 들었습니다. 그런데 깊은 밤, 누군가 또 창문을 두드렸습니다.

"누구세요?"

아람이가 불을 켜며 잠이 덜 깬 목소리로 물었습니다.

"나야, 나. 부엉이 아저씨라고. 제발 불 좀 꺼. 눈이 부셔서 앞이 안 보이잖아."

부엉이 아저씨가 소리쳤습니다.

"아차, 미안해요, 아저씨. 그런데 이 밤중에 웬일이세요?"

아람이는 재빨리 불을 끄고 다람이가 창문을 열었습니다.

"으응, 밤참 좀 먹고 자라고. 이렇게 긴긴 겨울밤에는 밤참을 든든하게 먹어야 하는 거야."

"아이 졸려. 저희는 벌써 자고 있었는데 아저씨가 깨웠잖아요."

아람이가 하품을 하며 투덜거렸습니다.

"그래? 그러면 이미 일어났으니까 밤참 먹고 다시 자면 되잖아."

"뭐가 있는데요?"

먹보 다람이가 눈을 비비며 부엉이 아저씨의 바구니 속을 들여다봤습니다.

"응. 맛있는 도토리묵."

"으악, 또 도토리다!"

아람이와 다람이는 소리를 지르며 이불을 뒤집어썼습니다.

"얘들이 왜 이러나? 도토리 먹고 체했나? 싫으면 할 수 없지 뭐."

부엉이 아저씨는 부엉부엉 소리를 내며 날아가 버렸습니다.

"안 되겠어."

"뭔가 대책을 세워야겠어."

아람이와 다람이는 궁리 끝에 종이에 '도토리는 안 사요, 안 사!' 라고 커다랗게 써서 대문과 창문에 붙여 놓고서야 다시 잠을 잘 수 있었습니다.

수요는 왜 변하는가요?

아람이와 다람이는 도토리는 사지 않으려고 하고, 알밤을 사고 싶어 합니다. 이처럼 소비자가 어떤 상품을 구입하고 싶어하는 욕구를 **수요**라고 합니다.

그리고 소비자가 구입하고자 하는 상품의 양을 **수요량**이라고 합니다. 아람이와 다람이는 일 주일에 한 바구니씩 밤을 사고 싶어하므로 한 바구니가 수요량이 됩니다. 수요량은 여러 가지 원인에 의해 변화하는데 그 중 가장 중요한 것은 가격입니다.

숲속 마을에는 아람이, 다람이와 같은 다람쥐 뿐 아니라 다른 동물들도 많이 살고 있습니다. 이 모든 동물들의 수요량을 합하면 숲속 마을 시장의 수요가 됩니다. 우리가 보통 수요라고 할 때는 어떤 한 사람의 수요가 아닌 시장 전체의 수요를 말하는 것입니다.

아람이와 다람이가 밤값이 떨어지면 더 많은 양을 사고 싶어하는 것처럼 대부분의 소비자는 물건값이 올라가면 그 상품을 적게 사고, 값이 떨어질수록 더 많이 사려고 합니다. 이렇게 가격이 내리면 수요량이 늘어나고 가격이 오르면 줄어드는 것을 **수요의 법칙**이라고 합니다.

그럼 이번에는 가격 이외에 수요를 결정하는 요인에는 어떤 것들이 있는지 살펴봅시다.

먼저 그 상품을 대신할 수 있는 다른 상품의 가격이 변하면 수요도 변합니다. 숲속 마을에서 밤값에 변화가 없더라도 밤 대신 먹을 수 있는 다른 음식의 값이 떨어진다면 어떻게 될까요? 예를 들어 고구마값이 떨어졌다면 숲속 마을의 동물들은 알밤을 덜 사 먹고 고구마를 더 많이 사 먹을 것입니다.

　소비자의 수입도 수요를 결정하는 중요한 요인 중의 하나입니다.

　몇 해 전 우리 나라의 살림이 어려워져 국제 통화 기금(IMF)으로부터 돈을 빌린 적이 있습니다. 나라 전체가 경제 위기에 빠지니 자연 회사나 사람들도 큰 영향을 받게 되었습니다. 이 때 많은 사람들이 직장을 잃거나 수입이 줄어들었습니다. 불안해진 사람들은 쌀 대신 비교적 값이 싼 라면을 더 많이 사 먹게 되었습니다.

　결국 두 상품의 가격은 그대로였지만 소비자의 수입이 달라지자 그 영향으로 수요량도 변한 것입니다.

　또, 수입은 변화가 없더라도 소비자가 좋아하는 것이 달라지면 수요가 변합니다. 젊은 사람들의 식성이 변하면서 쌀의 수요는 줄고, 햄버거나 피자의 수요가 늘어나고 있는 것이 여기에 해당됩니다.

여우도 손해 볼 때가 있다

숲속 마을에서 누가 가장 똑똑하냐고 물어 보면 누구나 여우라고 대답할 것입니다. 여우는 계산이 빠르고 아는 것도 많으니까요. 하지만 숲속 마을 동물들에게 다시, 제일 싫어하는 동물이 누구냐고 물어 보면 역시 여우라고 대답할 것입니다. 여우는 남을 도울 줄 모르고 자기 욕심만 채우기 때문입니다.

흔히 무언가를 아주 잘하던 사람이 어쩌다 실수를 할 때 '원숭이도 나무에서 떨어질 때가 있다'라고 합니다. 하지만 요즘 숲속 마을에서는 이 말 대신 '여우도 손해 볼 때가 있다'라고 합니다. 어떻게 된 일일까요?

숲속 마을 시장에 가게를 가지고 있는 여우는 어떤 장사를 하든 큰 이익을 봤습니다. 그 동안 여러 차례 종류를 바꿔 가며 장사를 했는데 매번 큰 이익을 얻고는 그 가게를 다른 동물에게 팔았습니다. 그런데 이상한 것은 여우에게 많은 웃돈을 얹어 주고 가게를 넘겨받은 동물들이 한결같이 얼마 안 가 망해 버렸다는 것입니다.

올 봄에는 여우가 새로 옷가게를 차렸습니다. 여우는 값이 아주 싼 옷들만 팔았기 때문에 인기가 아주 좋았습니다. 다른 옷가게들이 모두 손해를 보는 동안에도 여우는 돈을 많이 벌었습니다.

그러는 동안 가을이 왔습니다. 곡식이 여물고 나무마다 열매들이 주렁주렁 열렸습니다.

"올해는 풍년이 들어서 동물들이 모두 돈을 많이 벌었을 거야. 그럼 옷도 전보다 더 많이 사 입겠지."

여우는 이렇게 생각하고는 가게에 물건을 들여 놓기 시작했습니다. 스웨터, 코트, 장갑 등 겨울옷들을 가게에 가득가득 쌓아 놓고, 그것도 모자라서 공장에 미리 주문까지 해 두었습니다.

추수가 끝나자 숲속 마을 동물들은 모두 신이 났습니다. 여우의 예상대로 동물들의 지갑이 두둑해졌으니까요. 시장은 늘 북적거리고 가게마다 사람들이 줄을 섰습니다. 그런데 참 이상한 일이었습니다. 여우네 옷가게는 파리만 날리고 있었던 것입니다.

"아니, 이게 웬일이야? 왜 우리 집만 손님이 없는 거지?"

여우는 발을 동동 구르며 애를 태웠습니다. 며칠이 지나도 나아질 기미가 보이지 않자, 생각 끝에 '할인 판매' 광고를 냈습니다.

〈폭탄 세일! 숲속 마을에 더이상 싸게 파는 곳은 없다! - 여씨네〉

그래도 손님은 오지 않았습니다.

"도대체 왜 옷이 안 팔리는 걸까?"

낙담한 여우는 어느 날 가게문을 일찍 닫고 거리로 나가 봤습니다.

시장 안의 다른 가게에 모두 손님이 넘쳐나는 것을 보니 더욱 화가 치밀었습니다. 얼마쯤 가다 보니 다람쥐 형제 아람이와 다람이가 쇼핑백을 여러 개 들고 걸어오고 있었습니다.
"얘들아, 너희들 옷 사 가지고 가는 길이니?"
"네."
다람이가 싱글벙글 웃으며 대답했습니다.
"그 옷 어디서 샀는데?"
"저기 이리 아저씨네 옷가게요."
"뭐라고 이리네 옷가게라고? 그 집은 지난달까지만 해도 손님이 없어서 문을 닫아야겠다고 했었는데……."

여우는 깜짝 놀라서 이리네 옷가게로 뛰어갔습니다. 이리네 옷가게는 정말 손님들로 발 디딜 틈이 없을 정도였습니다. 그 곳에서 옷을 구경하던 여우는 다시 한번 깜짝 놀랐습니다. 거기 걸려 있는 옷들은 모두 여우네 가게의 것보다 두서너 배는 비싼 고급 옷들이었으니까요.

"우리집에는 여기 것의 반값밖에 안 되는 옷들이 산더미처럼 쌓여 있단 말이야."

여우는 화가 나서 미친 듯이 소리쳤습니다. 그러자 이 말을 듣고 있던 노루가 대꾸했습니다.

"그런 싸구려 옷은 거저 줘도 안 입어요!"

이렇게 해서 여우는 결국 큰 손해를 봤고, 숲속 마을에는 '여우도 손해 볼 때가 있다' 는 말이 생겨난 것입니다.

열등재와 정상재

일반적으로 소비자의 소득이 늘어나면 상품에 대한 수요량도 커집니다. 용돈을 더 많이 받게 되면 전에는 한 개 밖에 사 먹지 못하던 아이스크림을 두 개씩 사 먹을 수 있는 것과 마찬가지입니다. 그러나 사람들에게 돈이 많아질수록 오히려 수요가 줄어드는 상품도 있습니다.

물건값에는 변화가 없는데 사람들의 수입이 어느 날 갑자기 두 배로 많아졌다고 생각해 봅시다. 그러면 비교적 값이 싼 돼지고기만 먹던 사람들이 소고기를 사 먹게 될 것입니다. 이렇게 되면 소고기에 대한 수요는 늘어나는 반면 돼지고기에 대한 수요는 줄어드는 것입니다.

이처럼 소비자의 소득이 늘어날수록 오히려 수요가 줄어드는 상품을 **열등재**라고 합니다. 반대로 소득이 증가할 때 그 수요도 증가하는 상품을 **정상재**라고 합니다.

숲속 마을에 소득이 늘어나면서 이리네 옷이 더 잘 팔리는 정상재라면 여우네 옷은 열등재라 할 수 있습니다. 예를 들어 보리쌀은 쌀에 대해서, 석탄은

석유나 천연가스에 대해서 열등재가 됩니다.

다음은 '**수요의 탄력성**'에 대해서 알아보겠습니다. 앞에서 우리는 가격이 높아질수록 수요는 줄어들고, 가격이 낮아질수록 수요가 늘어난다는 것을 공부했습니다. 하지만 모든 상품이 똑같은 정도로 수요가 늘어나거나 줄어드는 것은 아닙니다. 가격의 변화에 따라 수요량이 크게 변하는 것과 그렇지 않은 것이 있습니다. 고무공과 나무공을 같은 힘으로 벽을 향해 던졌을 때 튀어나오는 정도가 각각 다르듯이 말입니다. 즉, 가격이 조금만 변해도 수요가 크게 변화하는 상품은 수요의 탄력성이 큰 것(탄력적)이고, 가격이 변해도 수요가 조금씩밖에 변화하지 않는 상품은 수요의 탄력성이 적은 것(비탄력적)입니다. 그렇다면 어떤 상품들의 수요가 탄력적이고, 어떤 상품들이 비탄력적일까요?

그 상품을 대신할 만한 다른 상품이 있으면 가격이 높아질 경우 수요는 상당히 많이 줄어들 것입니다. 꿩 대신 닭이라는 말이 있듯이 그 상품 대신 값이 오르지 않은 다른 상품을 사면 될 테니까요. 하지만 반대로 대신할 상품이 없을 경우에는 값이 오르더라도 수요가 그렇게 많이 줄어들지는 않을 것입니다. 명절 때만 되면 조기, 북어. 사과, 배 등의 값이 치솟습니다. 그런데도 수요가 크게 줄어들지 않는 것은 차례상에는 반드시 그 음식들을 올려야지 다른 것을 대신 올려놓을 수 없기 때문입니다. 이 때 조기나 사과에 대한 수요는 가격에 대해 비탄력적이라 할 수 있습니다.

안 팔아요, 안 팔아!

무더운 여름입니다. 아람이와 다람이는 커다란 바구니를 들고 하루 종일 숲 속 이곳 저곳을 헤매고 다니느라 땀을 뻘뻘 흘립니다. 숲 속에서 뭘 하느냐고요? 우산처럼 생긴 식물을 찾아다니는 거예요. 바로 버섯 말이에요.

산 속 구석구석을 돌아다니며 맛있는 버섯을 바구니 가득 따 다음날 아침 일찍 시장에 내다 팝니다. 숲속 마을 시장에는 버섯을 사려는 가게가 세 군데 있습니다. 늑대 아저씨네 수퍼마켓과 오소리 아저씨네 야채 가게, 그리고 노루 아줌마의 음식점입니다. 새벽 시장에 나가면 이 세 가게의 주인들이 나와서 아람이와 다람이가 팔려고 가져나온 버섯을 구경합니다. 그리고 값을 매기지요. 아람이와 다람이는 물론 제일 비싼 값을 쳐 주겠다는 가게에 물건을 팝니다.

그런데 오늘은 아주 싱싱하고 크기도 적당한 버섯을 바구니 가득 들고 나갔는데도 모두들 이런저런 트집을 잡으며 사지 않았습니다.

"이건 향이 별로 안 좋은 것 같네. 아까 토끼가 가져온 것은 아주 향기롭던데. 우리는 벌써 토끼한테 5000원 주고 한 바구니 샀어."

'세상에! 그 얄미운 토끼가 버섯을 따다 팔다니! 이제 새로운 경쟁자가 생겼으니 버섯값을 전만큼 받기는 틀렸구나! 그 전날까지는 7000원을 받았는데……."

한참이나 흥정을 해도 값을 더 받을 수 없을 것 같자 다람이가 바구니를 들고 일어섰습니다.

"안 팔아요, 안 팔아! 그 값에 파느니 차라리 우리가 다 먹어 치우겠어요."

다람이는 버섯이 가득 담긴 바구니를 들고 집으로 향했습니다.

"다람아, 잠깐만 기다려 봐. 그걸 다 집으로 갖고 가서 어쩌려고."

아람이가 종종걸음으로 좇아가며 물었습니다.

"말려 뒀다가 이 다음에 값이 오르면 팔지."

"그럼 우리 절반만 팔고 나머지는 집에 가져 가서 말리자. 다 들고 가려면 무겁잖아."

아람이가 가까스로 다람이를 붙잡아서 노루 아줌마네 가게에 반 바구니를 팔았습니다.

그리고 이튿날은 아예 반 바구니만 들고 시장에 갔습니다. 나머지 반 바구니는 말리려고 널어놓고요. 버섯 값은 여전히 한 바구니에 5000원이었습니다.

며칠이 지났습니다. 아람이와 다람이는 평소처럼 버섯 한 바구니를 들고 시장으로 향했습니다. 웬일인지 늑대 아저씨, 오소리 아저씨, 노루 아줌마 모두 아침 일찍부터 나와서 버섯을 사려고 기다리고 있었습니다.

"이 버섯 몽땅 내가 살게. 8000원 줄 테니 모두 나한테 팔라고."

"무슨 소리야. 버섯이 이렇게 싱싱하고 좋은데. 내가 9000원 줄 테니 나한테 팔아."

늑대 아저씨와 오소리 아저씨가 성급하게 싸움을 벌였습니다. 아람이와 다람이는 무슨 까닭인지 알 수 없었습니다.

"버섯값이 하루 아침에 왜 이렇게 오른 걸까?"

"너희들 여태 모르고 있니? 어제 유명한 사슴 박사님이 '숲속 마을

'신바람 건강법'이라는 제목으로 강연을 하면서 버섯이 우리 몸에 아주 좋다고 말씀하셨거든. 그래서 숲속 마을 동물들이 너도나도 버섯만 사 간단다. 없어서 못 팔 정도지. 우리 집에 오는 손님들도 모두 버섯찌개만 찾는다니까."
노루 아줌마가 일러 주었습니다.
"아, 그렇구나."
버섯 한 바구니를 9000원에 팔고 난 아람이와 다람이는 신이 나서 곧장 집으로 달려갔습니다.

"오늘은 버섯을 많이 따야 해."

"그래, 그래. 부지런히 따면 두 바구니는 딸 수 있을 거야."

아람이와 다람이는 해가 꼴깍 넘어갈 때까지 정신 없이 버섯을 땄습니다. 평소처럼 나무 위로 올라가 낮잠을 자지도 않고 장난을 치지도 않았습니다.

이튿날 새벽, 아람이와 다람이는 버섯 두 바구니를 들고 낑낑거리며 시장으로 향했습니다. 시장에 도착해 보니 토끼가 먼저 와 있었습니다. 토끼는 큰 수레로 하나 가득 버섯을 실어왔습니다. 늑대 아저씨와 노루 아줌마가 토끼한테 버섯을 사고 있었습니다.

"세상에! 어떻게 하루 만에 저렇게 많은 버섯을 땄을까?"

"그러게 말이야. 참 이상하다."

다람쥐 형제가 쑥덕거리는 것도 아랑곳하지 않고 토끼는 버섯값을 두둑하게 챙겨 가지고 가버렸습니다. 아람이와 다람이는 오소리 아저씨에게 9000원씩 받고 버섯 두 바구니를 팔았습니다. 휘파람이 저절로 나올 정도로 기분이 좋았습니다.

그 날 저녁이었습니다. 아람이와 다람이가 버섯을 따 가지고 집으로 돌아오는데 토끼네 집 앞이 시끌벅적했습니다.

"토끼 이리 나오지 못해. 안 나오면 집을 다 부숴 버릴 거야."

"야, 이 나쁜 토끼야. 독버섯을 팔면 어떡하니? 그 버섯 먹고 탈나면 네가 책임질 거야?"

"빨리 나와서 내 돈 물어 내."

"내 다시는 토끼한테 버섯을 사나 봐라."

늑대 아저씨와 노루 아줌마였습니다. 토끼는 벌벌 떨면서 아까 새벽에 받은 버섯값을 고스란히 돌려주어야 했습니다.

다람이가 토끼네 집의 싸움 구경을 하고 있는 동안 아람이는 집으로 돌아가 무언가 열심히 일을 하고 있었습니다.

"밤중에 뭐 하는 거야?"

다람이가 집으로 들어가 보니 아람이는 말려 놓은 버섯들을 바구니에 담고 있었습니다.

"내일은 토끼가 버섯을 못 팔 테니까 분명히 버섯값이 더 오를 거야. 값이 비쌀 때 많이 팔아야지."

아람이와 다람이는 그 날 딴 버섯 두 바구니와 그 동안 말려 놓았던 버섯 한 바구니까지 모두 세 바구니를 들고 날이 새자마자 시장으로 갔습니다. 아람이의 예상대로 전날보다 훨씬 비싼 값으로 버섯을 모두 팔 수 있었습니다.

돌아오는 길에 눈가에 시퍼렇게 멍이 든 토끼가 상추밭에서 김을 매고 있는 것을 보았습니다. 장난꾸러기 다람이가 그냥 지나칠 리 없지요.

"토끼야, 괜찮니? 멍든 데는 독버섯을 갈아서 붙이면 금방 낫는다던데 ……. 깔깔깔."

공급도 수요처럼 변해요

아람이와 다람이가 버섯을 시장에 내다 팔려는 것처럼 어떤 사람이나 기업이 상품을 팔고 싶어하는 것을 **공급**이라고 합니다. 즉, 아람이와 다람이는 숲속 마을의 시장에 버섯을 공급하는 것입니다.

그리고 팔려는 상품의 양을 **공급량**이라고 합니다. 수요량과 마찬가지로 공급량도 여러 원인의 영향을 받는데 그 중 가장 중요한 것은 역시 가격입니다.

숲속 마을의 시장에는 아람이와 다람이뿐 아니라 토끼도 버섯을 공급하고 있습니다. 그러므로 다람쥐 형제와 토끼의 공급량을 합하면 숲속 마을 시장의 버섯 공급량이 나옵니다. 수요와 마찬가지로 공급도 어느 한 사람이나 기업의 공급이 아니라 시장 전체의 공급을 가리킵니다.

아람이와 다람이가 버섯값이 올라가면 더 많은 양을 팔려고 내놓고, 값이 떨어지면 적은 양을 내놓는 것처럼 공급하는 쪽에서는 물건값이 올라갈수록 그 상품을 더 많이 공급합니다. 비싼 값에 팔아야 이윤이 많이 남기 때문입니다. 이렇게 가격이 오를수록 공급량이 늘어나는 것을 **공급의 법칙**이라고 합니다.

그럼 이제 공급의 결정에 영향을 미치는 다른 요인들을 살펴볼까요?

먼저 그 상품을 생산하는 데 들어가는 비용이 늘어나면 공급량은 줄어들고, 반대로 비용이 줄어들면 공급량은 늘어납니다. 예를 들어 밀가루 값이 오르면 빵을 만드는 데 전보다 더 많은 비용이 듭니다. 그러므로 밀가루 값이 오르기 전에 비해 오른 뒤에는 빵의 공급량을 줄일 수밖에 없을 것입니다.

이와 반대로 같은 상품을 만들어 파는 사람이나 기업의 수가 늘어날 경우에는 공급량이 늘어납니다. 이 밖에도 뛰어난 기술을 개발하거나 새로운 기계를 들여놓았을 경우에도 공급이 변화합니다. 새로운 기술이나 기계로 인해 똑같은 재료와 노력으로 더 많은 물건을 만들어 낼 수 있게 되어 공급이 늘어나는 것입니다.

수요의 탄력성이 있듯이 '공급의 탄력성'도 있습니다. **공급의 탄력성**이란 어떠한 상품의 가격이 몇 퍼센트 오르거나 내렸을 때에 그에 따라 공급량이 늘거나 주는 변화를 나타내는 비율입니다.

예를 들어 라면 값이 오른다면 곧 공장에서 더 많은 양을 만들어 내어 공급은 크게 늘어날 것입니다. 하지만 쌀의 경우 값이 올랐다고 해서 농부가 하루 아침에 쌀을 만들어 낼 수는 없겠지요? 농산물을 키워 내는 데는 몇 달에서 몇 년씩의 시간이 걸리기 때문입니다. 이처럼 라면의 공급이 탄력적인 데 비해 쌀은 비탄력적입니다.

가격이야기

불쌍한 망씨 아저씨

곰 아저씨와 다람쥐 형제는 아주 가까운 사이입니다. 언덕 너머에 사는 곰 아저씨는 가을이면 언제나 다람쥐네 집에 와서 도토리 수확을 거들어 주곤 했습니다. 곰 아저씨가 커다란 엉덩이로 나무를 쿵쿵 쳐주면 도토리가 후두둑 떨어집니다. 그러면 다람쥐들은 힘들이지 않고 바닥에 떨어진 도토리를 주워 담기만 하면 되지요.

그런데 숲속 마을의 동물들은 곰 아저씨를 망씨아저씨라고 부르며 놀립니다. 곰 아저씨가 시작하는 장사마다 모두 얼마 못 가서 망했기 때문입니다. 이번에도 곰 아저씨는 장난감 장사를 하다가 망했습니다.

"아저씨, 도대체 어떻게 된 거예요?"

아람이가 묻자 아저씨는 깊은 한숨을 내쉬었습니다.

"난 정말 운이 없어. 번번이 손해만 봤다니까. 나처럼 불쌍한 동물도 없을 거야. 엉엉엉."

자, 그럼 불쌍한 곰 아저씨가 어떻게 해서 망씨 아저씨가 됐는지 사연을 들어 볼까요?

곰 아저씨가 맨 처음 시작한 장사는 당근 장사였습니다. 아저씨가 장사를 시작할 때는 당근 값이 꽤 비쌌습니다. 아저씨는 토끼에게 당근을 한 상자에 20000원씩 50상자나 사서 가게에 가득 쌓아 놓았습니다.

그런데 아저씨가 가게문을 열고 나서부터 당근 값이 자꾸만 떨어졌습니다. 그 동안 값이 더 오르기를 기다리며 눈치만 보던 당근 농장 주인들이 한꺼번에 당근을 캐서 시장에 내놓았기 때문입니다. 곰아저씨는 하는 수 없이 토끼에게 산 가격 그대로 한 상자에 20000원씩에 당근을 내놓았지만 아무도 사 가지 않았습니다. 하루 이틀이 지나자 당근은 썩기 시작했습니다. 아저씨는 하는 수 없이 손해를 보고 한 상자에 15000원씩에 당근을 내놓았습니다. 그래도 당근은 팔리지 않았습니다. 그 다음날에는 한 상자에 10000원씩에라도 팔려고 했습니다. 이제는 썩은 것이 많아서 절반은 팔지 못하고 버려야 했습니다. 이렇게 해서 곰 아저씨는 첫 번째 장사에서 큰 손해를 보고 말았습니다.

다음에는 옷감 장사를 했습니다. 아저씨는 옷감 공장 너구리 사장님한테서 흰색, 검은색, 빨간색, 파란색 등 여러 가지 옷감을 샀습니다. 여름이 되자 숲속 마을에서는 꽃무늬 옷이 크게 유행했습니다. 뚱뚱보 멧돼지 할머니도, 멋쟁이 여우 아줌마도 모두 꽃무늬 옷감으로 옷을 만들어 입었습니다. 곰 아저씨는 꽃무늬 옷감은 들여놓지 않았기 때문에 손님을 다른 가게에 모두 빼앗겼습니다. 아저씨는 뒤늦게 꽃무늬 옷감을 잔뜩 사들였습니다. .

꽃무늬 옷감을 들여 놓고 일 주일쯤은 장사가 아주 잘됐습니다. 곰 아저씨는 신이 났습니다. 그런데 계절이 여름에서 가을로 바뀌고 나니까 꽃무늬 옷감은 더 이상 팔리지 않았습니다. 결국 곰 아저씨는 당근처럼 꽃무늬 옷감도 헐값에 팔고, 옷감 장사를 그만두었습니다.

　세 번째는 장난감 장사였습니다. 아저씨는 남은 재산을 모두 털어서 장난감 장사를 시작했습니다. 이번만은 실패하지 않겠다고 굳게 다짐했지요. 아저씨가 장난감 장사를 시작한지 얼마 뒤 만화 영화 '뿌뿌'가 인기를 끌었습니다. 이 영화의 주인공 '뿌뿌'는 곧 인형으로 만들어졌고 아저씨도 뿌뿌인형을 들여놓았습니다. 아이들이 뿌뿌인형을 사려고 가게로 몰려와 아저씨는 한나절 만에 인형을 모두 팔았습니다.

　그런데 참 이상한 일이었습니다. 곰 아저씨네 가게 옆에서 여우 아줌마도 장난감 가게를 하고 있었는데, 여우 아줌마는 그렇게 잘 팔리는 뿌뿌인형을 팔지 않고 있는 거였어요. 이튿날 곰 아저씨는 뿌뿌인형을 더 사려고 인형 공장으로 갔습니다. 그런데 공장에는 뿌뿌인형이 하나도 없었습니다. 여우 아줌마가 모두 사 가 버렸다는 것입니다. 뿐만 아니라 앞으로 한 달 동안 만드는 인형은 모두 여우 아줌마에게 팔기로 계약까지 했다는 것이었습니다.

　아저씨는 뿌뿌인형을 사기 위해 이리 뛰고 저리 뛰었지만 끝내 구할 수 없었습니다. 그러는 사이에 여우 아줌마는 뿌뿌인형을 곰 아저씨보다 훨씬 비싼 값에 팔았습니다. 여우 아줌마네 가게에는 하루 종일 아이들이 줄을 서는데 곰 아저씨네 가게는 파리만 날렸습니다.

　화가 난 곰 아저씨는 친구에게 돈을 꾸어서 인형 공장을 차렸습니다. 그러고는 직접 뿌뿌인형을 만들기 시작했습니다. 곰 아저씨는 밤을 새워가며 많은 인형을 만들어 냈습니다. 하지만 곰 아저씨네 가게에 뿌뿌인형이 잔뜩 쌓이자 손님들은 전처럼 인형을 사 가지 않았습니다. 그 때는 이미 만화 영화 '뿌뿌'의 인기가 시들해진 뒤였거든요. 결국 아저씨네 가게에는 뿌뿌인형이 잔뜩 쌓여만 갔고, 공장은 한 달도 못 가서 문을 닫고야 말았습니다. 결국 곰 아저씨는 손해만 잔뜩 보고 장난감 가게의 문도 닫아야 했습니다.

"이렇게 해서 나는 망씨 아저씨가 된 거야. 남은 돈은 하나도 없고 빚까지 졌으니 이제 어떻게 하면 좋니?"

불쌍한 곰 아저씨는 계속 코를 훌쩍이며 눈물을 흘렸습니다.

가격은 어떻게 결정되나요?

　상품의 가격과 그 상품이 팔리는 양은 수요와 공급에 의해서 결정됩니다. 수요량과 공급량이 딱 맞아떨어지는 가격을 **균형 가격**이라고 합니다. 실제 가격이 균형 가격보다 높으면 공급량이 수요량보다 많아서 시장에 물건이 남아돕니다. 반대로 실제 가격이 균형 가격보다 낮으면 수요량이 공급량보다 많아서 물건이 모자라게 됩니다.

　실험할 때 쓰는 천칭을 한 번 떠올려 보세요. 작고 큰 여러 저울추를 올리고 내리면서 수평을 맞추어야 물체의 무게를 알 수 있죠? 즉 수평 상태에 이르렀을 때의 무게가 곧 수요와 공급에서의 균형 가격인 셈이죠.

　이처럼 균형 가격은 누군가 멋대로 정해 준 것이 아니라, 시장에서 수요자와 공급자가 각자의 효용과 이윤을 극대화하기 위해 행동하면서 자연스레 정해지는 것입니다.

먼저 실제 물건값이 균형 가격보다 높아 공급량이 수요량보다 많을 땐 어떻게 될까요?

이렇게 되면, 곰 아저씨가 팔리지 않는 당근이나 꽃무늬 옷감, 뿌뿌인형을 헐값에 판 것처럼 물건을 파는 사람들은 물건값을 내려 받을 것이고, 만들어 내는 양도 줄일 것입니다. 다른 한편으로 소비자들은 값이 비쌀 때보다 더 많은 양을 사게 됩니다. 이렇게 해서 결국 어느 정도 시간이 지나고 나면 이 상품은 균형 가격을 찾게 됩니다.

이번에는 반대로 물건 값이 균형 가격보다 낮아 수요량이 공급량보다 많아진 경우입니다. 이 경우는 물건은 모자라는데 사려는 사람은 많으니까 소비자들은 여우네 장난감 가게에서 뿌뿌인형을 살 때처럼 줄을 서서라도 그 물건을 사려 할 것입니다. 그러다 보면 물건값은 올라갈 것입니다. 뿐만 아니라 곰 아저씨가 인형 공장을 차려 뿌뿌인형을 만들어 낸 것처럼 물건을 파는 사람들은 어떻게 해서든 더 많은 양을 공급하려 할 것입니다. 그러다 보면 결국 이 경우도 균형 가격을 찾을 수 있겠지요?

이러한 시소 놀이의 원리에 의해 가격의 균형이 이뤄지고, 이 가격에 따라서 생산과 소비가 일어나는 곳이 바로 시장이랍니다.

바닷속 나라의 생산 활동

- 생산 이야기　꽃게 영차의 고민
- 임금 이야기　거북이 취직 좀 시켜주세요
- 생산량과 생산비　멍게 사장님은 억울합니다
- 독점과 경쟁　큰머리 주식 회사의 미역 주스

꽃게 '영차'의 고민

바닷속 나라에 영차라는 이름을 가진 꽃게가 살고 있었습니다. 엄마 꽃게와 아빠꽃게는 아이가 영차영차 열심히 일하라는 뜻으로 영차라는 이름을 지어 주었습니다. 하지만 영차는 아주 게을렀습니다. 하루 종일 방 안에서 뒹굴며 텔레비전을 보거나 컴퓨터 게임을 하거나 그렇지 않으면 늘어지게 낮잠을 잤습니다.

"너 같이 게으른 꽃게는 처음 보겠다. 그렇게 놀지만 말고 뭔가 생산적인 일을 해 봐!"

아빠꽃게가 이렇게 야단을 치자 영차는 슬그머니 일어나서 밖으로 나왔습니다.

"생산적인 일을 하라고? 생산적인 일이 뭐지?"

영차는 일등 꽃게를 찾아갔습니다. 일등 꽃게는 학교에서 늘 일등만 했습니다.

"얘, 너 생산이 뭔지 아니?"

"그럼. 생산은 새로운 것을 만들어 낸다는 뜻이야."

"아, 그렇구나."

영차는 무슨 새로운 것을 만들지 한참을 고민하던 끝에 뜨개질을 해서 장갑을 만들기로 했습니다. 이제 곧 겨울이 올 테니까 장갑을 떠서 부모님께 드리면 좋아할 것 같았습니다.

일 주일 동안 열심히 뜨개질을 해서 드디어 장갑이 완성되었습니다. 하지만 영차는 아무래도 걱정이 되었습니다. 그래서 일등 꽃게에게 다시 찾아가서 자신이 한 일이 정말 생산적인 것인지 물어보았습니다. 일등 꽃게는 장갑을 이리저리 돌려가며 들여다보더니 이렇게 말했습니다.

"장갑을 뜨는 건 생산이 아니야. 이것 봐. 이 장갑은 털실로 만든 거잖아. 너는 그저 이미 생산되어 있는 털실을 엮어 놓았을 뿐이지 새로운 것을 만들지는 못했어."

영차는 맥이 빠져서 집으로 돌아왔습니다. 일등 꽃게의 말대로 정말 자신이 만든 장갑에는 털실 이외에는 새로운 것이 하나도 들어가 있지 않았습니다.

"그럼 도대체 뭘 만들어야 하지?"

영차는 다시 고민한 끝에 이번에는 농사를 지어 보기로 했습니다. 땀을 뻘뻘 흘리면서 밭을 갈고 거기에 미역씨를 심어서 김을 매고 거름을 뿌려 가며 열심히 가꿨습니다. 얼마 후, 미역은 무럭무럭 자라 수확할 때가 되었습니다. 영차는 싱싱한 미역을 한 바구니 따서 일등 꽃게를 찾아갔습니다. 미역을 받아들고 한참을 이리저리 살펴보던 일등 꽃

게는 이번에도 고개를 가로저었습니다.

"이 미역은 씨를 심어서 거둔 거지? 그 씨앗은 어디서 났니? 씨앗 가게에서 사왔지? 그러니까 이 미역도 결국 누군가가 이미 생산해 낸 씨앗에서 나온 것이지 네가 생산해 낸 건 아니야."

영차는 시무룩해져서 터덜터덜 집으로 향했습니다. 하지만 집 앞에 도착해서도 선뜻 안으로 들어갈 수 없었습니다. 아빠가 생산적인 일을 하라고 말씀하신 지 벌써 여러 날이 지났는데 아무 것도 생산해 낸 것이 없으니까요. 엄마, 아빠도 이제는 영차에게 실망했을 것만 같았습니다.

　영차는 고개를 푹 숙인 채 방으로 들어가 이불을 뒤집어쓰고 누웠습니다.

"영차가 자는 모양이지?"

밖에서 돌아온 아빠가 영차의 방문을 열어 보고 엄마에게 물었습니다.

"농사짓느라고 피곤했던지 초저녁부터 자고 있어요. 이것 좀 보세요. 영차가 키운 미역이에요. 정말 먹음직스럽죠?"

"우리 영차가 참 기특하군. 지난번엔 장갑을 뜨더니 이번엔 미역을 키워 내고."

"그럼요. 이렇게 생산적인 일을 다 하고. 영차도 이젠 철이 다 들었나 봐요."

엄마, 아빠가 칭찬하는 소리를 듣고 영차는 어리둥절했습니다.

'장갑을 뜨고, 미역를 키우는 일도 생산인가……? 일등 꽃게는 아니라고 했는데……. 도대체 누구 말이 맞는 거지?'

그러다 어느 새 영차는 깜박 잠이 들고 말았습니다.

클릭! 어린이 경제

생산을 위해서는 어떤 요소가 필요한가요?

생산이란 이미 있는 것을 이용해서 새로운 물건을 만들어 내는 것을 말합니다. 일등 꽃게의 말처럼 완전히 새로운 무언가를 만들어 내는 것만이 생산이라고 한다면 이 세상에 생산을 해낼 수 있는 사람은 아무도 없을 것입니다. 세상의 모든 물건은 자연에서 얻은 재료를 이용해서 만들어진 것들입니다. 사람은 요술 방망이를 가진 도깨비가 아니니까요. 그러니까 원유에서 플라스틱을 만드는 것, 플라스틱으로 필통을 만드는 것, 오렌지로 오렌지 주스를 만드는 것, 털실로 장갑을 뜨는 것 등이 모두 생산에 포함됩니다.

하지만 이것은 좁은 의미의 생산일 뿐입니다. 넓은 의미의 생산은 인간에게 만족을 가져다 주는 모든 활동을 말합니다. 나한테 맞지 않는 옷을 벼룩 시장에 가지고 가서 딱 맞는 옷으로 바꿔 왔다면 아주 기분이 좋을 것입니다. 그러므로 이것도 넓은 의미의 생산에 포함됩니다. 공장에서 만들어 낸 물건을 창고에 잘 보관하는 일, 가게까지 안전하게 실어 나르고 판매하는 일 등도 생산입니다.

그럼 이발소에서 머리를 깎아 주는 일은 생산일까요? 치과에 가서 충치를 뽑았습니다. 의사 선생님께서 충치를 뽑아 주는 일도 생산일까요? 물론 이러한 용역(서비스)도 넓은 의미의 생산에 속합니다.

좁은 의미의 생산은 주로 기업에서 합니다. 기업은 한꺼번에 많은 양의 물건을 만들어 내기 때문에 개인이 따로 만드는 것보다 훨씬 적은

비용을 들여서 좋은 물건을 만들 수 있습니다. 플라스틱 필통을 만드는 공장에서 열 사람이 일하고 있다고 생각해 봅시다. 이 공장에서는 매일 2000개의 필통을 만들고 필통 한 개를 만드는 데는 100원이 들어갑니다. 한 사람이 하루에 200개의 필통을 만드는 셈이지요.

하지만 이 공장에서 일하는 열 사람이 각자 필통을 만든다면 하루에 200개의 필통을 만들 수 있을까요? 아마 이보다 훨씬 적은 양밖에 만들지 못할 것입니다. 여럿이 모여서 물건을 만들면 분업을 할 수 있습니다. 그러면 혼자서 모든 일을 다 하는 것보다 훨씬 빠르고 효율적으로 일할 수 있습니다. 또, 규모가 큰 공장에는 값비싼 기계를 들여놓을 수도 있고 그 밖의 여러 가지 편리한 시설을 갖출 수 있습니다.

필통 한 개에 들어가는 재료비에서도 차이가 날 것입니다. 큰 공장에서는 재료를 한꺼번에 많이 쓰기 때문에 싼 값에 사들일 수 있지만 개인이 살 때는 그렇지 못합니다. 뿐만 아니라 물건을 운반하는 데 드는 비용도 큰 공장에서는 많은 양을 한꺼번에 운반하니까 더 적게 들 것이고, 판매에도 유리할 것입니다. 이런 이유 때문에 생산은 주로 기업에서 맡게 된 것입니다.

　기업에서 어떤 물건을 만들어 내기 위해 필요로 하는 것들을 **생산 요소**라고 합니다. 생산 요소에는 여러 가지가 있지만 경제학에서는 크게 **자본, 노동, 토지**의 세 가지로 나눕니다. 이를 **생산의 3요소**라 합니다.

　첫째, **자본**이란 생산을 위하여 토지, 기계, 원료 등을 구입하는데 드는 돈을 말합니다. 영차가 장갑을 만들 수 있었던 건 털실이 있었기 때문입니다. 또 씨앗과 여러 가지 농기구가 없었다면 미역을 제대로 키울 수 없었을 것입니다. 즉 영차가 장갑과 미역을 생산하기 위해 사용한 털실, 씨앗, 농기구 등과 이를 사기 위해 쓰는 돈이 모두 자본입니다.

둘째, **노동**은 사람들이 생산에 들이는 노력과 힘을 말합니다. 노동에는 육체적 노동(뜨개질, 밭갈기 등)과 정신적 노동(연구, 발명, 새로운 제안 등)이 있습니다. 노동은 세 가지 생산 요소 중에서 가장 중요한 요소라 할 수 있습니다.

셋째, **토지**는 자연이라고도 하는데 자연에서 주어진 물자를 생산해 낼수 있는 땅을 말합니다. 밭이 없었다면 영차는 미역 농사를 지을 수 없었겠죠?

멍게 사장님은 억울합니다

바닷속 나라의 멍게가 사업을 시작했습니다.

'여드름 고민 끝. 일 주일만 바르면 멍게 피부도 대머리 문어 총각 이마처럼 매끄러워지는 멍게표 연고. 1000원에 모십니다.'

멍게가 개발한 여드름 치료제 광고입니다. 멍게표 연고는 날개 돋친 듯이 팔려 나갔습니다. 멍게는 신이 나서 매달 생산량을 늘려 나갔습니다. 공장이 처음 문을 연 1월에는 모두 1,000개의 연고를 만들어 팔았는데 2월에는 1,200개를, 3월에는 1,400개를 만들었습니다.

멍게는 회사에서는 사장님이었지만 집에서는 부인에게 꼼짝도 못하는 남편이었습니다. 멍게 부인은 바닷속 나라에서 둘째 가라면 서러울 정도로 터프한 아주머니였으니까요. 멍게는 매달 돈을 버는 대로 고스란히 부인에게 갖다 주었습니다.

멍게는 1월에 180,000원을 벌어 왔습니다. 멍게 부인은 퉁명스럽게 말했습니다.

"겨우 이것밖에 못 벌었어요? 이걸 갖고 어떻게 살란 말이에요?"

2월에는 228,000원을 가져왔습니다. 멍게 부인은 남편에게 맛있는 음식을 만들어 주고 저녁마다 어깨도 주물러 주었습니다.

그런데 참 이상한 일이 일어났습니다. 물건을 많이 만들어 팔수록 멍게의 손에 들어오는 이익금은 오히려 줄어드는 것이었습니다. 3월에 멍게가 가져온 돈은 겨우 200,000원이었습니다.

"바른 대로 말해 봐요. 당신 나 몰래 다른 곳에 돈 쓴 거죠?"

멍게 부인은 다짜고짜 소리를 질러댔습니다.

"아니야, 절대 아니라고. 나는 버는 대로 다 가져오는 거 당신도 잘 알잖아?"

"그럼 대체 이게 어떻게 된 거예요? 1,400개를 팔았으면 280,000원을 가져와야 하는데 80,000원은 어디로 간 거냐고요? 다른 곳으로 빼돌린 게 분명해요."

멍게는 붉은 얼굴이 더욱 빨개지며 쩔쩔매었습니다.

"정말이지, 나도 잘 모르겠어."

멍게 사장님은 정말 억울합니다. 멍게 회사의 이익금은 도대체 왜 줄어든 것일까요?

생산비는 어떻게 정해지나요?

 기업의 목적은 이윤을 남기는 데 있습니다. 아무리 마음 좋은 사업가라고 하더라도 돈 한 푼 남지 않는 물건을 만들어 팔 리는 없습니다. 대체로 물건을 많이 팔면 팔수록 이윤은 늘어날 것입니다. 그렇다고 물건 10개를 파는 것보다 20개를 파는 것이 무조건 많은 이윤을 가져다 주는 것은 아닙니다.

 앞의 이야기에서, 멍게 사장이 여드름 연고를 1000개 만들어 팔 때보다는 1200개를 팔 때의 이윤이 더 커졌습니다. 얼마나 커졌는지 계산해 보겠습니다. 1000개를 팔았을 때 총수입은 1,000,000원이고, 재료비와 임금 등을 빼고 남은 순수익은 180,000원입니다. 이 때 순수익을 총수익으로 나눈 것에 100을 곱해 주면 18%가 되는데 이것을 이윤율이라고 합니다. 이런 식으로 1200개를 팔았을 때의 이윤율을 계산하면 19%가 나옵니다. 쉽게 말하자면 1000원짜리 연고를 하나 팔았을 때 멍게 사장 손에 들어오는 순이익이 첫 달에는 180원, 다음달은 190원이라는 얘기죠.

 그런데 1400개를 판 3월에는 사정이 달라졌습니다. 3월의 이윤은 200,000원이었으니까, 같은 식으로 계산하면 이윤율은 14.28%입니다. 전 달에 비해서 이윤이 5% 가까이 떨어져 버린 것입니다.

 왜 이런 일이 일어났을까요?

 해답은 생산비에 있습니다. **생산비**란 어떤 물건을 만들어 내는 데 들

어가는 비용입니다. 예를 들어 연필을 만들려면 나무와 흑연 등의 재료가 있어야 하고 연필 공장에서 일하는 노동자들의 인건비가 들어가야 합니다. 또, 공장이 있어야 하고 기계도 있어야 합니다. 이 모든 비용을 제외하고 남는 돈이 기업의 이윤입니다.

1월에 비해서 2월의 이윤이 높아졌다는 것은 다시 말해서 생산비가 그만큼 줄어들었다는 뜻입니다. 반대로 3월의 이윤이 떨어진 것은 생산비가 높아졌기 때문입니다.

자, 이제 멍게 아저씨의 누명도 벗겨졌습니다. 멍게 아저씨가 돈을 다른 데에 쓴 것이 아니라 생산비가 높아져서 이윤이 줄었다는 것을 이제 아셨겠죠?

생산비가 높으면 이윤이 줄어들고 생산비가 낮으면 이윤이 늘어나니까 기업에서는 어떻게 해야 생산비를 낮출 수 있을까를 고민합니다. 생산비는 생산 요소의 가격, 생산 기술, 생산량 등에 따라 결정됩니다.

생산비가 생산 요소의 가격에 따라 결정된다는 것은 쉽게 이해될 것입니다. 흑연이나 나무의 값이 올라가면 연필의 생산비는 당연히 늘어날 것입니다. 또, 연필 공장에서 일하는 노동자들의 임금이 올라가도 생산비는 커집니다.

생산 기술이 발전하면 같은 양을 생산하는 데 더 적은 생산 요소가 들어가기 때문에 생산비가 줄어듭니다. 예를 들어 그 동안은 흑연 100그램으로 연필 10자루 밖에 만들지 못했는데 흑연을 가늘고 길게 다듬는 기술이 발전해서 12자루를 만들 수 있게 되었다면 그만큼 생산비는 줄어드는 것입니다. 또, 그 동안은 연필 포장을 사람이 직접 했기 때문에 포장하는 데에만 3명의 노동자가 필요했는데, 포장 기계를 새로 들여와서 1명이 할 수 있게 되었다면 그만큼 생산비가 줄어드는 것입니다.

생산 기술의 발전이 기업에 이렇게 커다란 이익을 가져다 주기 때문에 생산 기술과 관련된 정보는 비밀로 하는 경우가 많습니다. 경쟁 기업보다 생산비를 낮출 수 있으면 같은 양을 팔아도 이익을 많이 남길 수 있을 뿐만 아니라 가격을 낮춰서 더 많은 양을 팔 수도 있으니까요.

포장 기계를 들여놓아 생산비가 줄어들었다고 하면, 그 기계를 사는 데 든 돈도 생산비에 포함되는 것 아니냐고 질문하는 똑똑한 어린이들도 있을 것입니다. 물론 기계나 공장을 짓는 데 들어간 돈도 생산비에 포함됩니다. 하지만 공장을 한번 지어 놓으면 몇 년, 몇 십 년씩 이용하면서 몇 만 개, 몇 백만 개의 연필을 만들 수 있습니다. 기계도 마찬가지입니다. 그렇기 때문에 연필 공장의 포장 기계 가격은 앞으로 그 기계를 사용해 만들어 낼 모든 연필의 생산비에 조금씩 나누어서 들어가야 합니다.

이렇게 생산비에 포함시켜 계산하는 기계값이나 공장 건물을 짓는 데 들어간 돈 등을 **감가상각비**라고 합니다. 만약 어떤 기계의 사용 기간이 짧아지면 감가상각비는 그만큼 늘어나고, 길어지면 줄어들겠지요.

임금 이야기

거북이 취직 좀 시켜 주세요

바닷속 나라의 거북이는 빵 만드는 기술자입니다. 바닷속 나라에는 생크림 케이크를 만들 수 있는 기술자가 여태까지 한 명도 없었습니다. 거북이는 육지의 제빵 학원에 유학을 가서 생크림 케이크 만드는 기술을 배워 가지고 왔습니다. 바닷속 나라의 제과점에서는 모두 거북이를 채용하려고 했습니다.

거북이가 제일 먼저 면접을 본 곳은 '빵빵 제과점' 이었습니다.

빵빵 제과점 가오리 사장은 거북이에게 질문을 했습니다.

"당신이 우리 회사에서 근무하게 되면 매일 8시간씩 생크림 케이크 만드는 일을 할 것입니다. 월급은 얼마나 받으면 좋겠습니까?"

"저는 한 시간 동안 생크림 케이크를 다섯 개나 만들 수 있습니다. 생크림 케이크 한 개의 가격이 10,000원이니까 여기에 8시간을 곱하면 하루에 40만 원어치의 케이크를 만드는 셈이지요. 한 달에 27일 동안 일한다고 치면, 1080만 원어치를 만들어 낼 것입니다. 그러니까 월급은 적어도 500만 원은 받아야 하지 않을까요?"

거북이의 대답을 들은 가오리 사장은 할 말을 잃었습니다. 거북이는 물론 면접에서 떨어졌습니다.

다른 제과점의 면접 때도 거북이는 번번이 자신이 받고 싶은 월급을 이런 식으로 계산해서 말했습니다. 그 때문에 거북이는 몇 달이 지나도 취직을 못 했습니다.

"참 이상하다. 나는 특별한 기술을 가졌는데 왜 취직이 안 될까?"

거북이는 아무리 생각해 봐도 다른 데는 문제가 없는데, 받고 싶은 월급을 잘못 얘기해서 면접에 떨어진 것 같았습니다. 그래서 거북이는 방법을 바꾸기로 했습니다.

"이 제과점에서 월급을 제일 많이 받는 기술자가 누굽니까? 저는 그 기술자보다 50만 원을 더 받고 싶습니다."

거북이는 드디어 취직이 되었습니다. 거북이는 제빵 학원에서 배운 대로 열심히 생크림 케이크를 만들었습니다.

하지만 3년 뒤에 거북이는 그 제과점에서 쫓겨나고 말았습니다. 거북이는 분하고 원통했습니다. 그 동안 열심히 일했고, 자신이 만든 생크림 케이크가 잘 팔리고 있는데도 쫓겨나다니 정말 억울했습니다.

"흥, 여기 아니면 제과점이 없나? 나같이 특별한 기술자는 어디서든지 많은 월급을 받으며 일할 수 있다고."

거북이는 다른 제과점에 면접을 봤습니다.

"이 제과점에서 월급을 가장 많이 받는 기술자가 누구인가요? 저는 그 기술자보다 50만 원을 더 받고 싶습니다."

거북이는 자신 있게 대답했지만 떨어지고 말았습니다. 기가 꺾인 거북이는 다음 번 면접 때는 받고 싶은 금액을 조금 낮췄습니다.

"이 제과점의 최고 기술자가 받는 월급 만큼만 받고 싶습니다."

이렇게 해서 거북이는 취직을 했습니다. 거북이는 자신의 기술을 발휘하여 열심히 생크림 케이크를 만들었습니다.

하지만 이번에는 1년도 채 못 되어 쫓겨나고 말았습니다.

"당신이 만든 생크림 케이크는 요즘 새로 나온 케이크보다 맛이 떨어져요. 모양도 좋지 않고……. 월급은 많이 받으면서 일을 그 정도 밖에 못하다니 정말 실망이에요. 아무래도 다른 기술자를 써야겠어요. 일하겠다는 기술자들은 줄을 섰으니까요."

사장의 말을 듣고 거북이는 깜짝 놀랐습니다.

'다른 기술자라니? 바닷속 나라에 나 말고 생크림 케이크를 만들 수 있는 기술자가 또 있었단 말인가?'

거북이는 정신이 번쩍 나서 다른 제과점들을 둘러보았습니다. 제과

점마다 생크림 케이크가 먹음직스럽게 진열되어 있었습니다.

"저 생크림 케이크는 누가 만든 겁니까?"

"우리 제과점의 기술자가 만들었지요."

거북이가 묻자 계산대 앞에 서 있던 오징어 사장이 대답했습니다.

"아니, 이 제과점에도 생크림 케이크를 만들 줄 아는 기술자가 있단 말입니까?"

"그럼요. 요즘 생크림 케이크 만들 줄 모르는 기술자가 어디 있다고요? 제빵 학원에서 기본 과목으로 가르치는 걸요."

알고 보니 육지에 나가 생크림 케이크 만드는 기술을 배워 온 자라가 그 동안 바닷속 나라 제빵 학원에서 학생들에게 기술을 가르쳤던 것이었습니다. 이제 바닷속 나라에서 생크림 케이크를 만드는 것은 그저 평범한 기술이 되어 버린 것이었습니다.

거북이는 눈앞이 캄캄했습니다.

'이제 면접 때 월급은 얼마나 받고 싶냐는 질문을 받으면 어떻게 대답을 해야 하지?'

임금은 어떻게 정해지나요?

임금은 어떻게 정해지는 것일까요? 앞에서 우리는 상품의 가격이 수요와 공급에 의해 결정된다는 것을 배웠습니다. 임금도 상품과 마찬가지로 수요와 공급에 의해 결정됩니다. 일하겠다는 사람에 비해 일자리가 많을 때, 즉 노동에 대한 공급이 수요보다 적을 때는 임금이 올라갑니다.

거북이가 처음 제과점에 취직했을 때를 생각해 보세요. 그 때는 생크림 케이크 기술자를 구하는 제과점은 많은 데 비해 그런 기술자는 거북이뿐이었습니다. 거북이가 다른 기술자들보다 더 많은 월급을 받을 수 있었던 것은 이런 이유에서였습니다. 의사, 변호사 등의 전문 직업의 임금이 높은 이유도 그 일을 할 수 있는 자격을 가진 사람의 수가 적기 때문입니다.

반대로 일하겠다는 사람은 많은데 일자리가 적을 경우, 즉 노동에 대한 수요에 비해 공급이 많을 때 임금은 떨어집니다. 거북이가 점점 월급을 낮췄지만 취직이 안 된 이유는 생크림 케이크 기술자가 이전보다 많아졌기 때문입니다. 생크림 케이크 기술자의 공급이 늘어난 것이지요. 벽돌을 나르는 노동자나 환경 미화원의 임금이 낮은 것도 그 일을 할 수 있는 사람이 많이 있기 때문입니다. 건강한 사람이라면 누구라도 벽돌을 나를 수 있고, 청소를 할 수 있으니까요.

임금은 생산비에서 큰 비중을 차지하기 때문에 임금이 올라가면 생산비도 그만큼 올라갑니다. 그러므로 회사는 되도록 임금을 낮추려 하고, 임금을 올려 준 노동자들이 그만큼 많은 양의 물건을 생산해 내게 하려고 애씁니다. 되도록 적은 수의 노동자로 최대한 많은 양의 물건을 생산하여 최대의 이윤을 내려는 것이지요.

하지만 노동자들의 입장은 좀 다릅니다. 쾌적한 환경에서 적절한 대우를 받으며 일하고 싶어하지요. 그래서 노동자들은 노동 조합이라는 단체를 만들어 자신들의 요구 사항을 주장합니다. 노동 조합의 목표는 임금을 높이는 것, 보다 좋은 환경에서 일하는 것, 그리고 조합원들이 해고당하지 않게 하는 것입니다.

노동 조합과 회사의 기본적인 목표는 물론 회사 전체가 발전하는 것이지만, 그 실현 방법에는 의견 차이가 있습니다. 양쪽은 자기들에게 조금이라도 더 유리한 방향으로 회사를 이끌기 위해 함께 대화하고 때로는 다투고 충돌하다가 다시 화해하고는 합니다. 아마도 이런 모습은 우리가 시장 경제와 민주주의를 포기하지 않는 한 계속될 것입니다.

큰머리 주식회사의 미역 주스

바닷속 나라의 왕은 고래입니다. 고래왕은 바닷속 나라에서 가장 크고 힘이 세기 때문에 무엇이든 자기 마음대로 할 수 있습니다. 바닷속 나라에서 고래와 가장 가까운 친구는 문어입니다. 문어는 고래왕이 제일 믿고 의지하는 친구입니다.

문어는 그 동안 모은 돈으로 사업을 시작하기로 했습니다. 미역을 갈아서 주스를 만들어 파는 사업이었습니다. 문어가 만든 기업의 이름은 '큰머리 주식 회사'였습니다.

그런데 바닷속 나라에는 큰머리 주식 회사보다 먼저 미역 주스를 만들어 파는 기업들이 있었습니다. 바로 새우가 경영하는 '굽은등 주식 회사'와 고등어의 '등푸른 주식 회사'였습니다.

큰머리 미역 주스가 새로 만들어지자 미역 주스 시장의 경쟁은 더 심해졌습니다. 새우는 곧 직원들을 모아 놓고 어떻게 하면 더 싼 값에 주스를 공급할 수 있을지에 대해 회의를 했습니다.

"큰머리 미역 주스 때문에 판매량이 줄어들고 있습니다. 이대로 가다가는 큰일나겠습니다."

"맞아요. 큰머리나 등푸른 쪽보다 조금이라도 싼 값에 주스를 팔아야 합니다. 그러기 위해서는 생산비를 낮출 수 있는 방법을 생각해 보아야 합니다."

직원들은 머리를 맞대고 한참을 의논한 끝에 두 가지 중요한 결정을 했습니다. 하나는 새로운 기계를 들여놓는다는 것이었습니다. 지금까지는 주스를 짜내는 것만 기계로 하고 짜낸 주스를 병에 담아 포장하는 것은 일일이 직원들의 손으로 하고 있었습니다. 그런데 이 일을 새로운 기계가 대신하면 공장에서 일하는 직원의 수를 3분의 1로 줄일 수 있습니다. 이렇게 되면 기계를 사기 위해 드는 비용을 빼더라도 꽤 많은 돈이 절약됩니다.

두 번째로는 원료로 사용하는 미역을 좀더 싼 값에 사 오는 것이었습니다. 굽은등 주식 회사에서는 지금까지 가오리네 농장의 미역을 사다 썼습니다. 하지만 앞으로는 어느 농장이든 미역을 싼 값에 파는 곳에서 사기로 한 것입니다. 농장끼리 경쟁을 시키면 전보다 더 싼 값에 미역을 들여올 수 있을 것입니다.

이렇게 해서 굽은등 주식 회사에서는 생산 비용을 많이 줄일 수 있었고, 생산 비용이 줄어든 만큼 주스 가격을 낮출 수 있었습니다.

한편, 등푸른 주식 회사의 고등어 사장도 며칠 밤을 새워 고민한 끝에 미역 주스를 보다 많이 팔 수 있는 몇 가지 방법을 생각해 냈습니다.

고등어 사장이 생각해 낸 첫 번째 방법은 언제나 신선한 주스를 판매

하는 것이었습니다. 지금까지는 주스를 일 주일 동안 두고 팔았는데, 앞으로는 사흘 이상 된 것은 팔지 않기로 한 것입니다.

두 번째는 새로운 주스를 만들어 내는 것이었습니다. 바로 미역 주스에 파래 가루를 약간 섞은 미역 파래 주스입니다. 신선한 미역 주스와 함께 미역 파래 주스까지 팔면 판매량을 늘릴 수 있을 것입니다.

등푸른 주식 회사는 이렇게 해서 가격은 전과 같지만 보다 질이 좋은 주스를 공급할 수 있었습니다.

　굽은등 주식 회사와 등푸른 주식 회사가 이렇게 상품의 값을 낮추고 질을 높이자 큰머리 주식 회사의 주스 판매량은 자꾸만 줄어들었습니다. 문어는 돈을 벌어보겠다고 사업을 시작했는데 갖고 있던 돈마저 모두 잃게 되었습니다. 하는 수 없이 문어는 바닷속 나라 왕이자 친구인 고래를 찾아가서 도와 달라고 사정을 했습니다.

　"걱정하지 마. 내가 해결해 줄게."

　고래왕은 이렇게 큰소리를 쳤습니다. 그리고 이튿날, 앞으로 큰머리 주식 회사 이외에는 누구도 미역 주스를 만들어 팔지 말라고 명령했습니다. 새우 사장과 고등어 사장은 화가 났지만 고래왕 앞에서는 꼼짝할 수 없었습니다. 굽은등 주식 회사와 등푸른 주식 회사는 곧 문을 닫았고 시장에는 오로지 큰머리 미역 주스만 남게 되었습니다.

　바닷속 나라 동물들은 이제 굽은등 미역 주스보다 값이 비싸고, 등푸른 미역 주스보다 신선하지도 맛있지도 않은 큰머리 미역 주스만 먹어야 했습니다. 수퍼마켓을 아무리 뒤져 봐야 미역 주스라고는 '큰머리' 것밖에는 없으니까 할 수 없는 노릇이었습니다.

　큰머리 미역 주스는 판매량이 전보다 몇 배로 늘어났습니다. 얼마 후 문어는 미역 주스값을 조금 더 올렸습니다. 그래도 주스는 잘 팔렸습니다. 이번에는 미역의 양을 줄이고 물을 많이 섞었습니다. 그래도 주스는 잘 팔렸습니다. 물론 문어는 큰 부자가 되었고 바닷속 나라 동물들은 불만이 쌓여갔습니다.

시장의 종류에는 어떤것들이 있나요?

우리는 보통 '시장'이라는 말을 물건을 파는 상점들이 모여 있는 장소라는 의미로 사용합니다. 그런데 아래의 글에서 말하는 '시장'도 이와 같은 뜻일까요?

1. 값비싼 노트북 컴퓨터 시장의 경쟁이 치열해졌다.
2. 왕철수 연구소, 컴퓨터바이러스 백신 시장의 최고가 되었다.
3. 세계 최대의 화장품 회사 '고와라', 국내 중저가 시장에 들어왔다.

노트북 컴퓨터만 파는 시장이 따로 있다는 얘기는 못 들어 본 것 같은데 좀 이상하지요? 한 술 더 떠서 컴퓨터 바이러스 백신만 파는 시장이 있다고 합니다. 그리고 중저가 시장이라고 하니, 가격이 비싼 물건은 아예 들여놓지 않는 시장도 있단 말일까요?

여기에서 말하는 '시장'은 특별한 장소를 가리키는 말이 아닙니다. 경제학에서 말하는 **시장**은 상품의 수요와 공급에 관한 정보를 주고받거나 상품을 팔고 사는 모든 곳을 가리킵니다. 전화를 걸어서 상품에 대해 물어 보거나 인터넷을 통해 상품을 살 경우를 한번 생각해 보세요. 파는 사람과 사는 사람이 반드시 한 곳에 모여 돈과 물건을 주고 받아야 시장이 되는 건 아니란 말이지요.

또, 시장에서는 눈에 보이는 재화만 거래되는 것이 아닙니다. 이발소에서 머리를 자른다거나 병원에 가서 치료받는 등의 용역이 거래되는 곳도 역시 시장입니다.

  이처럼 시장이란 말은 아주 넓은 의미로 쓰이는데, 일정한 기준에 따라 여러 가지 시장으로 나눌 수 있습니다. 농산물 시장, 수산물 시장, 옷 시장, 노트북 컴퓨터 시장, 컴퓨터 바이러스 프로그램 시장 등은 어떤 재화와 용역을 팔고 사느냐에 따라 나눈 것입니다. 소매 시장, 도매 시장은 조금씩 사는 사람들을 상대로 하느냐, 한꺼번에 많이 사는 사람을 상대로 하느냐에 따라 구분한 것입니다. 또, 중저가 시장, 고가 시장 등은 거래되는 상품의 가격 정도에 따라 나눈 것이지요.

  그리고 경쟁의 형태에 따라서 시장을 구분하기도 합니다. 여기에는 크게 독점 시장과 완전 경쟁 시장이 있습니다. **독점 시장**은 어떤 상품의 공급자가 오직 하나뿐인 것을 말합니다. 예를 들어 우리 나라에 가방을 만들어 파는 기업이 딱 한 곳뿐이고, 다른 나라에서 수입해 오지도 않는다면 가방 시장은 독점 시장입니다.

  가방 시장을 독점한 기업은 수요에 비해 적은 양의 가방만 공급할 것입니다. 공급이 늘어나면 가격은 떨어지므로 기업에서는 가방의 생산량을 적당히 줄여서 비싼 값에 팔려고 할 것입니다. 또, 독점 기업은 다른 기업과 경쟁할 필요가 없으니까 구태여 상품과 서비스의 질을 높이려 하지 않습니다. 큰머리 주식 회사의 문어 사장은 주스에 물을 섞어 비싼 값에 팔고도 금방 큰 부자가 되지 않았습니까?

　이렇게 독점 시장에는 많은 문제점이 있습니다. 그렇다고 너무 걱정할 필요는 없답니다. 실제로 우리 나라에서 독점 시장은 나라에서 운영하는 전기, 철도, 우편, 담배·인삼 등을 제외하고는 없으니까요.

　이와는 반대로 많은 공급자가 있어서 소비자가 상품을 자유롭게 골라 살 수 있는 **완전 경쟁 시장**이 있습니다. 완전 경쟁 시장에서는 경쟁이 심하기 때문에 모든 기업이 어떻게 해서든 싼 가격에 좋은 물건을 공급하려고 노력합니다. 새로운 기술을 개발하고, 운영을 효율적으로 하고, 좀더 열심히 일하지 않으면 곧 경쟁에서 밀려나 버릴 테니까요. 그렇기 때문에 완전 경쟁 시장은 가장 바람직한 형태의 시장이라고 할 수 있습니다.

　하지만 독점 시장과 마찬가지로 완전 경쟁 시장도 현실에서는 찾아보기 힘듭니다. 완전 경쟁 시장에서 판매되는 상품의 질이 모두 같아야 하기 때문입니다. 예를 들어 가방 시장이 완전 경쟁 시장이 되려면 각 기업에서 만들어 낸 가방이 모두 똑같아야 합니다. 어느 기업의 것은 더 질기고, 어느 기업의 것은 디자인이 멋지다는 등의 차이 없이 오로지 가격만으로 경쟁해야 완전 경쟁 시장입니다. 또 상품을 공급하는 사람이나 소비하는 사람들 모두가 공평하게 상품에 대한 정보를 갖고 있

어야 합니다. A회사의 가방이 B회사의 가방보다 싸다는 것을 미처 모르고 B회사의 것을 사는 소비자가 있다면 완전 경쟁 시장이 아닙니다.

이와 같이 까다로운 여러 조건을 갖추어야 하기 때문에 완전 경쟁 시장은 현실적으로는 있을 수 없습니다.

그렇다면 실제의 시장은 어떤 모습일까요? 가장 일반적인 시장인 독점적 경쟁 시장과 과점 시장이 있습니다.

먼저 많은 공급자가 경쟁을 벌이기는 하지만 상품에 약간씩 차이가 있는 시장 형태를 **독점적 경쟁 시장**이라고 부릅니다. 우리 나라 대부분의 기업이 여기에 속합니다. 가방 시장의 경우 가방을 만들어 파는 기업은 여럿이지만 기업마다 각각 다른 가방을 내놓기 때문입니다.

이에 비해, 소수의 공급자가 경쟁하는 **과점**은 독점과 경쟁의 중간 형태로 독점적 경쟁 시장에 비해 공급자의 수가 적습니다. 자동차는 대표적인 과점 시장의 하나입니다. 가방을 만드는 기업은 많지만 자동차를 만들어 파는 회사는 몇 개 되지 않으니까요.

'없어' 별의 금융

- 돈 이야기 '없다' 나라에 없는 것
- 은행 이야기 '없고' 나라에 없는 것
- 이자 이야기 '없고' 나라의 국민 투표
- 주식 이야기 '없는' 나라에 없는 것

돈 이야기

'없다' 나라에 없는 것

밤하늘의 수많은 별, 그 가운데서도 제일 멀리서 조그맣게 빛나는 별 중에 '없어' 별이 있습니다. '없어' 별에는 몇 개의 나라가 있습니다. 그 중 제일 큰 나라인 '없다' 나라로 우주 여행을 떠나 볼까요?

'없다' 나라는 우리가 살고 있는 지구별의 대한 민국과 별로 다를 것이 없습니다. 자동차도 있고, 학교도 있고, 가게도 있고……. 그런데 '없다' 나라에는 딱 한 가지 없는 것이 있습니다. 그것은 바로 '돈' 입니다.

 그래서 '없다' 나라 시장은 참 복잡하고 시끄럽습니다. 모든 사람들이 물건과 물건을 맞바꾸어야 하기 때문입니다. 농사를 짓는 왕 서방은 오늘 돼지고기가 필요해 쌀을 들고 시장에 나왔습니다. 그런데 돼지고기를 가지고 나온 박씨는 신발을 사고 싶어합니다.

 "물건을 사기도 어렵고 팔기도 어렵군. 하루 종일 돌아다녔지만 아직까지 쌀과 돼지고기를 바꾸겠다는 사람을 못 만났어. 벌써 해가 져 버렸으니 어떡하지?"

 왕 서방이 이렇게 한숨을 쉬고 있는데 저쪽에서 왕 서방만큼이나 지

쳐 보이는 남자가 터벅터벅 걸어오고 있었습니다. 자세히 보니 그 남자의 등과 가슴에는 커다란 종이가 붙어 있었습니다. 종이에는 '신발 팝니다. 쌀 삽니다.' 라고 쓰여 있었습니다.

그 모습을 본 왕 서방은 무릎을 탁 쳤습니다.

"옳지, 저 사람한테서 일단 신발을 산 다음에 박씨한테 가서 다시 돼지고기로 바꾸면 되겠다."

한편, 박씨도 저녁이 다 되도록 돼지고기를 신발과 바꾸지 못했습니다. 박씨는 하는 수 없이 돼지고기를 옷감으로 바꾸고 말았습니다.

"당장 필요한 건 아니지만 이것으로라도 바꿔 놔야지. 돼지고기를 그냥 뒀다가 상해 버리는 것보다야 낫지."

박씨가 옷감을 들고 집으로 가는데 뒤에서 왕 서방의 다급한 목소리가 들렸습니다.

"어이 박씨, 여기 신발 가져왔으니 돼지고기랑 바꿉시다."

"이런, 이를 어쩌나? 한 발 늦었는데. 돼지고기는 벌써 팔았는걸요. 대신 옷감이랑 바꾸면 어떨까요?"

결국 왕 서방은 별 필요도 없는 옷감만 짊어지고 집으로 돌아가는 수밖에 없었습니다. 돼지고기를 맛있게 구워 상추에 싸먹을 기대에 부풀어 있던 왕 서방네 식구들은 실망이 컸습니다. 부뚜막에는 잘 씻은 싱싱한 상추가 한 소쿠리 덩그러니 올라 앉아 있었습니다.

"아니, 이게 뭐예요? 옷감을 구워 먹을 수는 없잖아요. 큰일났네. 오늘 저녁엔 상추만 씹어 먹게 생겼으니."

이 때 왕 서방의 아들, 왕똑똑이가 말했습니다.

"아버지, 시장에 나가 물건을 바꿔오기 무척 힘드시죠?"
"그래, 그렇단다. 농사짓는 것보다 몇 배 힘들고, 시간도 너무 많이 걸려."
"그럼 이렇게 해 보세요. 내일부터는 쌀을 모두 금으로 바꾸는 거예요."

왕똑똑이의 말에 엄마는 깜짝 놀랐습니다.
"아니, 얘야. 이 많은 쌀을 모두 금으로 바꿔 무엇에 쓰려고?"
"금은 변하지도 않고, 누구나 좋아하는 물건이잖아요. 금으로 바꿔서 집안에 쌓아 뒀다가 나중에 그 금을 들고 나가서 필요한 물건과 바꾸면 되지요."

똑똑이의 말대로 이튿날부터 왕 서방은 쌀을 무조건 금과 바꾸기 시작했습니다. 왕 서방의 쌀을 원하는 사람들에게는 갖고 나온 물건을 먼저 금으로 바꿔 오라고 했습니다. 며칠이 지나자 왕 서방의 쌀은 모두 금으로 바뀌었습니다.

얼마 후 왕 서방은 금 한 덩이를 들고 그릇을 사러 시장에 갔습니다. 왕똑똑이도 아버지를 따라 갔습니다.
"아버지, 쌀 한 자루를 짊어지고 다니는 것보다 훨씬 편하시죠?"
"그래, 정말 편하구나. 이렇게 좋은 방법을 왜 진작 생각해 내지 못했을까?"

시장에 가 보니 김씨 아줌마가 그릇을 벌여 놓고 앉아 있었습니다. 김씨 아줌마는 그릇을 팔고 싶은 마음은 굴뚝 같은데 금과 바꿀 수는 없다며 아쉬워했습니다.

"우리 같은 가난뱅이가 금은 가져서 뭘 하겠어요. 당장 먹고 살 것도 없는데. 오늘은 꼭 보리를 바꿔 가지고 집에 들어가야 해요."

이 말을 들은 왕똑똑이가 가만히 있을 리 없지요.

"아줌마, 이 그릇을 일단 금으로 바꾼 다음에 금을 가지고 가서 보리와 바꾸면 되잖아요. 만약 하루 종일 그릇을 못 팔면 이 무거운 그릇을 다시 집으로 들고 가실 거예요? 또, 여기 가만히 앉아서 기다리는 것보다는 금을 들고 보리 장수를 찾아다니는 게 훨씬 빠를 걸요."

"옳거니, 그런 좋은 방법이 있었구나!"

김씨 아줌마는 왕똑똑이의 말대로 그릇을 금과 바꾼 다음 보리 장수를 찾아 나섰고, 왕 서방은 그릇을 사 가지고 집으로 돌아왔습니다.

몇 달이 지나자 이제 '없다' 나라의 시장에서는 더 이상 물건과 물건을 맞바꾸는 사람을 찾아볼 수 없게 되었습니다. 모든 물건은 일단 금으로 바꾼 다음에 필요한 물건과 다시 바꾸게 되었지요.

하지만 여기에도 문제가 있었습니다. 금덩어리들의 무게가 제각각이라 다른 물건과 교환할 때마다 무게를 달아야 하고, 거슬러 줄 작은 덩어리가 없어 큰 금덩어리를 쪼개느라 애를 먹고는 했습니다.

이런 저런 궁리 끝에 왕똑똑이는 마침내 아주 좋은 방법을 찾아냈습니다.

왕똑똑이는 집에 있는 금을 모두 녹인 다음 절반을 '왕'이라고 새겨진 동글납작한 큰 틀에 넣어서 굳혔습니다. 나머지 절반은 '똑똑이'라고 새겨진 작은 틀에 넣어서 굳혔습니다.

"아버지, 내일부터 장에 가실 때는 이 동글납작한 금을 가지고 나가

세요. '왕'이라고 새겨진 큰 주화는 금 한 돈 짜리고, '똑똑이'라고 새겨진 작은 것은 다섯 푼 짜리예요."

이렇게 동글납작한 금을 사용하게 되자 훨씬 더 편리해졌습니다. 매번 무게를 달아볼 필요도 없고, 거슬러줄 작은 덩어리가 없어서 금을 쪼개느라 애를 먹는 일도 없어졌습니다.

왕서방의 동글납작한 금을 본 사람들은 모두 왕똑똑이를 찾아와 자기가 가지고 있는 금도 모두 동글납작한 금으로 만들어 달라고 부탁했습니다. 이렇게 해서 '없다' 나라에는 그 동안 없던 '돈'이 생겨나게 되었습니다.

돈은 왜 생겼을까요?

우리는 아주 어려서부터 자연스럽게 돈을 사용해 왔기 때문에 돈이 없는 생활은 상상하기조차 어렵습니다. 주화(금속으로 만든 화폐)나 지폐(종이로 만든 화폐)가 없던 시대에는 '없다' 나라에서처럼 물건이 돈의 역할을 했습니다. 쌀이나 밀, 소금, 옷감, 가축, 유리, 조개 껍데기 등 여러 가지 물건이 돈으로 쓰였는데 이런 물건을 '**상품 화폐**(또는 물품 화폐, 자연 화폐)'라고 합니다.

  화폐로 쓰기에 가장 적당한 것은 귀금속이었습니다. 금이나 은 같은 귀금속은 쉽게 구하기 힘든 데다 아름다워 사람들 사이에서 가치가 있었기 때문입니다.

  상품 화폐를 사용하던 사람들은 차츰 귀금속을 녹여 주화를 만들기 시작했습니다. 지금까지 알려진 것 중 서양에서 가장 오래된 주화는 기원 전 7세기에 현재의 터키 지방에 있던 리디아 왕국에서 금과 은을 섞어 만든 엘렉트론이라는 화폐라고 합니다. 동양의 경우 기원 전 15~10세기에 중국 은나라, 주나라에서 청동을 이용하여 조개나 물고기, 농기구 모양을 만들어 화폐로 사용했다고 합니다.

지폐는 10세기에서 11세기 사이 중국 송나라에서 만든 것이 가장 오래 된 것이라고 합니다.

화폐가 발달한 데에는 '분업'의 역할이 가장 컸습니다. 분업이란 각자 일을 나누어 맡아서 하는 것을 말합니다. 사람들이 각자 자기가 사용할 물건을 스스로 만들어 쓰던 때에는 화폐가 별로 필요하지 않았습니다. 하지만 분업이 발달하면서 어떤 사람은 농사만 짓고, 어떤 사람은 그릇만 만들고, 또 어떤 사람은 옷만 만들게 되자 사정이 달라졌습니다. 물건끼리 맞바꿔야 할 일이 너무 많아지자 상품 화폐만 가지고는 거래가 제대로 이루어질 수 없었습니다. 그래서 돈이 등장하게 된 것이지요.

돈은 또 어떤 상품의 가치를 재는 기준이 되기도 합니다. 아이스 크림은 500원, 샤프 연필은 2000원이라 할 때, 두 제품은 각각 500원어치와 2000원어치의 가치를 가지는 셈입니다. 즉, 상품의 가격은 그 상품의 가치를 나타내는 것이지요.

그리고 돈은 가치를 담아 보관하기도 합니다. 벼농사를 짓는 사람이 쌀을 팔아 대신 100만 원을 받았다면, 그 사람은 그만큼의 가치를 가지고 있는 것과 같습니다. 원하면, 다시 그 돈으로 다른 상품을 100만 원어치 살 수 있으니까요.

'없고' 나라에 없는 것

　'없어' 별의 '없다' 나라 옆에는 '없고' 나라가 있습니다. 이 나라도 우리 나라와 별로 다를 것이 없습니다. 회사도 있고, 정부도 있고, 시장도 있습니다. '없다' 나라에는 없었던 돈도 있습니다. 그런데 딱 한 가지 '없고' 나라에 없는 것이 있었습니다. 그것은 바로 은행이었습니다.
　은행이 없다 보니 '없고' 나라 사람들은 돈을 다 집 안에 쌓아 두어야 했습니다. 게다가 '없고' 나라의 돈은 모두 금화와 은화였기 때문에 부피도 아주 컸습니다. '없고' 나라의 부자들은 혹시 도둑이 들지 않을까 항상 마음을 졸여야 했습니다.
　그러던 어느 날 '없고' 나라에서 제일 똑똑한 참똑똑이가 좋은 생각을 해냈습니다. 돈이나 그 밖의 귀금속을 맡아 주는 사업을 시작하자는 것이었습니다. 참똑똑이는 곧 크고 튼튼한 금고를 여러 개 사들였습니다. 사나운 개도 몇 마리 사서 훈련을 시켰습니다. 그런 다음 귀중품을 맡아 주겠다는 광고를 냈습니다.

집 안에 쌓아 둔 돈 때문에 밤잠을 설치던 사람들은 하나둘씩 참똑똑이네 집에 돈을 맡기기 시작했습니다. 참똑똑이는 돈이나 귀금속을 받고 대신 '금 10냥 맡아 둠. 참똑똑이' 와 같은 증명서를 써 주었습니다.

어느 날 동네 아저씨 두 사람이 함께 참똑똑이를 찾아왔습니다. 갑은 증명서를 내고 맡겨 놓은 금 다섯 돈을 찾아서 을에게 주려고 했습니다. 그리고 을은 다시 그 금을 참똑똑이에게 맡기고 싶어했습니다. 가만히 이야기를 듣고 난 참똑똑이가 말했습니다.

"왜 그렇게 복잡하게 일을 처리해요? 그러지 말고 갑이 가지고 있는

증명서를 을에게 건네 주면 간단히 해결될 텐데. 다음부터는 이런 일로 저희 집까지 찾아오지 말고 그냥 증명서만 주고받으세요."

이 때부터 사람들은 참똑똑이가 적어 준 증명서를 마치 돈처럼 사용하게 되었습니다. 무거운 금화나 귀금속을 들고 다닐 필요 없이 간단한 종이 쪽지 하나로 거래를 끝내니 아주 편리했습니다.

이렇게 금을 직접 돌려주는 대신 증명서를 써서 주니까 참똑똑이네 금고에는 항상 금이 들어 있었습니다. 그러자 이번에는 돈이 필요한 사람들이 찾아오기 시작했습니다.

"우리 어머니가 편찮으셔서 수술을 받아야 하는데 돈이 없어요. 다음 달에 월급을 받으면 꼭 갚을 테니 금화 다섯 닢만 빌려 주세요."

참똑똑이는 금화를 빌려 주고, 약간의 이자를 받았습니다. 그런데 참똑똑이가 실제로 금고에서 금화를 꺼내 준 것은 아닙니다. 참똑똑이는 금화를 맡긴 사람들에게 써 준 것과 똑같은 증명서를 내 주었을 뿐입니다. 그러니까 지금 참똑똑이의 금고 안에 금화가 모두 100닢 있다면 이제 증명서는 105닢 만큼 발행된 것입니다. 이튿날 또 다른 사람이 돈을 빌리러 왔을 때도 참똑똑이는 마찬가지로 증명서를 써 주었습니다.

그리고 참똑똑이는 자신이 받은 이자 중의 일부를 귀금속을 맡긴 사람들에게 나누어 주기 시작했습니다. 돈이나 귀금속을 맡긴 사람들은 가만히 앉아서 돈을 벌게 되어 아주 좋아했지요.

참똑똑이가 귀금속을 맡고, 빌려 주는 사업을 해서 크게 성공했다는 소문은 '없고' 나라에 널리 퍼졌습니다. 이 소식을 들은 이웃 마을의 헛똑똑이는 자리에서 벌떡 일어섰습니다.

"그런 방법이 있었구나. 왜 진작 그 생각을 못 했을까? 나는 이제 곧 부자가 될 거야."

헛똑똑이도 다음 날부터 귀금속 보관 사업을 시작했습니다. 얼마 뒤 헛똑똑이가 써 준 증명서는 그 마을에서 돈처럼 사용되었습니다. 그러자 헛똑똑이는 곧 사람들에게 돈을 빌려 주기 시작했습니다.

그런데 1년이 지난 어느 날 헛똑똑이에게 엄청난 일이 닥쳤습니다. 금고가 바닥이 난 것이었습니다.

"내 금화를 돌려 달란 말이에요. 여기 증명서를 가져왔는데 왜 못 준다는 거죠?"

"이 사람 이제 보니 도둑 아니야? 내가 맡긴 금을 어디로 빼돌린 거야?"

헛똑똑이는 그 동안 금고 안에 들어 있는 돈과 귀금속보다 너무 많은 양의 돈을 빌려 주었기 때문에 사람들이 맡긴 돈과 귀금속을 찾으러 왔을 때 돌려주지 못한 것입니다. 결국 헛똑똑이는 그만 교도소에 가고 말았습니다.

그럼, 참똑똑이는 어떻게 되었을까요? 참똑똑이는 항상 금고 속에 자신이 발행한 증명서 전체 양의 3분의 1 정도에 해당하는 돈과 귀금속을 남겨 두었습니다. 사람들이 한꺼번에 몰려와 맡긴 귀금속을 찾아가는 경우는 없었으므로 참똑똑이는 안전하게 사업을 계속할 수 있었지요.

은행에서는 어떤 일들을 할까요?

우리 사회에는 수입이 지출보다 많은 사람이 있는가 하면, 지출이 수입보다 많은 사람도 있습니다. 보통 가정에서는 번 만큼 다 써 버리지는 않으므로 수입이 지출보다 큽니다. 하지만 기업에서는 수입보다 많은 돈을 지출하는 일이 흔히 일어납니다. 앞으로 더 큰 이익을 얻기 위해서는 먼저 생산 시설을 늘리고 원료를 많이 구입해야 하니까요.

사람들은 장래를 위하여 돈을 저축하기도 하고 필요할 때는 돈을 빌려 쓰기도 합니다. 이 때 저축하는 돈을 맡아 주기도 하고, 돈이 필요한 사람에게 빌려 주기도 하는 일을 **금융**이라고 하며, 이와 같은 거래가 이루어지는 시장을 **금융 시장**이라고 합니다.

금융 시장에서는 돈이 필요한 사람이 여유 돈을 갖고 있는 사람에게 직접 돈을 꾸어 쓰는 경우도 있고, 중간에 금융 기관의 도움을 받는 경

동화로 배우는 어린이 경제

우도 있습니다. 금융 기관에는 은행, 협동 조합, 보험 회사, 증권 회사, 신용 금고 등이 있는데, 가장 대표적인 금융 기관은 은행입니다.

　은행이 하는 일에는 여러 가지가 있습니다. 우선 돈을 맡아 주고 이자를 붙여 주는 예금 업무와 이 돈을 다른 사람에게 이자를 받고 빌려 주는 대출 업무가 은행의 주요한 두 가지 업무입니다.

　만약 나에게 100만 원이 있는데 이 돈을 그냥 집에 쌓아 두면 1년이 지나고 10년이 지나도 100만 원 그대로지만 은행에 맡겨 놓으면 이자가 붙어 돈이 불어납니다. 은행에서 이자를 줄 수 있는 이유는 맡겨 놓은 돈을 그냥 금고에 넣어 두는 것이 아니라 필요한 사람에게 이자를 받고 빌려 주기 때문입니다.

　온라인으로 멀리 떨어져 있는 사람에게 돈을 전달해 주는 송금 업무도 은행의 중요한 일 중 하나입니다. 온라인이란 은행의 모든 지점과 지점, 그리고 서로 다른 은행끼리도 컴퓨터로 그물처럼 연결되어 있어 아무리 멀리 떨어져 있는 사람에게라도 입금 즉시 돈을 전달해 주는 편리한 제도입니다. 서울에 살고 있는 갑이 부산에 살고 있는 을에게 10만 원을 보내야 할 경우를 생각해 봅시다. 갑이 부산까지 가거나 을이 서울로 올라올 필요 없이 은행 온라인을 이용해 돈을 주고받을 수 있습니다. 갑이 가까운 은행에 가서 을이 갖고 있는 통장에 돈을 입금시키면 되니까요.

　또, 은행은 여러 가지 세금이나 전화 요금, 학교 등록금, 아파트 관리비 등을 대신 받아 주는 지로 업무도 합니다.

이와 같은 일들을 하는 은행을 **일반 은행**이라고 합니다. 일반 은행의 업무 이외에 특별한 일을 맡아 하는 은행을 **특수 은행**이라고 합니다.

회사를 세우고 운영하는 데 필요한 돈을 빌려 주는 일을 주로 하는 중소 기업 은행이나 집을 사거나 전세금을 마련하는 데 필요한 돈을 빌려 주는 일을 주로 하는 주택 은행, 외국돈을 관리하는 외환 은행 그리고 한국 은행 등은 특수 은행에 속합니다.

특수 은행 중에서 **한국 은행**은 우리 나라의 중앙 은행입니다. 중앙 은행은 일반 은행에서처럼 개인이나 기업의 예금을 받거나 대출을 해 주는 일 등은 하지 않습니다. 흔히 중앙 은행을 '은행의 은행'이라고 하는데, 이것은 중앙 은행이 다른 은행의 예금을 받거나 대출을 해 주는 역할을 하기 때문입니다. 또, 중앙 은행은 '정부의 은행'이라고 불리기도 합니다. 정부에서 세금으로 거둬들인 돈을 한국 은행에서 관리하고 정부에게 필요한 돈을 빌려 주기도 하기 때문입니다.

그러나 중앙 은행에서 하는 가장 중요한 일은 돈을 만들고 관리하는 것입니다. 지금 여러분의 주머니에서 동전이나 지폐를 꺼내 보세요. 지폐에는 한국 은행권이라고 쓰여 있고 동전에는 한국 은행이라고 새겨져 있습니다. 바로 한국 은행에서 만들었다는 표시지요. 또, 한국 은행은 단순히 새 돈을 찍어 내기만 하는 것이 아니라 돈이 너무 많이 돌아다니고 있을 때는 거둬들이고 모자랄 때는 풀어놓아서 돈의 양과 흐름을 조절하기도 합니다.

이자 이야기

'없고' 나라의 국민 투표

'없고' 나라의 국회에서는 요즘 '이자 금지법'이라는 새로운 법률안을 놓고 국회 의원들이 매일 싸움을 벌이고 있습니다. 참똑똑이의 은행이 성공한 뒤 여기저기 은행이 많이 생겨나자 이자를 주고받는 것을 금지시키는 법을 만들어야 한다고 주장하는 사람들이 생겨났습니다. 이 사람들이 만들어 낸 법률안이 '이자 금지법'입니다.

"돈이 돈을 번다니 말도 안 됩니다."

"그렇고말고요. 금고에서 잠자고 있는 돈 1천만 원을 잠깐 빌려 쓴 것뿐인데 참똑똑이의 은행에서는 이자를 일 년에 115만 원이나 받았습니다."

"일하지 않고 돈을 버는 것은 죄악입니다."

하지만 반대 의견도 만만치 않았습니다.

"내가 그 돈을 버느라고 얼마나 애를 썼는데 공짜로 빌려 주라는 겁니까?"

"내 돈 덕분에 장사를 해서 돈을 벌었으면 나한테도 보답을 하는 게 당연하잖아요."

국회 앞에서는 이자에 반대하는 사람들과 찬성하는 사람들의 시위가 끊이지 않았습니다. '이자 금지법'이 국회에서 어떻게 처리되든 국민들의 불만이 쉽게 사그라들 것 같지는 않았습니다. 그래서 '없고' 나라의 국회에서는 이 문제를 국민 투표로 결정하기로 했습니다.

"이렇게 중요한 문제는 국민 모두의 의견에 따라 결정해야 하므로 여러분이 직접 투표를 통해 찬성, 반대의 입장을 밝혀 주십시오."

드디어 투표 날이 왔고, '없고' 나라 국민들은 밤을 새워 투표 결과를 지켜 봤습니다. 결과는 '이자 금지법'을 만들자는 의견이 더 많은 것으로 드러났습니다.

이튿날부터 은행에서는 돈을 맡기는 사람에게 이자를 주기는커녕 오히려 수수료를 받기 시작했습니다. 돈을 빌려 가는 사람에게도 이자를 받을 수 없고 대신 약간의 수수료만 받아야 했습니다.

그러자 사람들은 더 이상 은행에 예금을 하려 들지 않았습니다. 돈을 빌리겠다는 사람은 늘어났지만 예금은 늘어나지 않아 은행에서는 제대로 돈을 빌려 줄 수가 없었습니다. 이미 예금해 놓은 돈도 찾아가겠다는 사람이 많아서 은행의 금고는 금새 바닥이 드러났습니다.

'이자 금지법' 때문에 '없고' 나라의 경제는 엉망이 되어 갔습니다. 사람들은 열심히 일해 돈을 모아 봤자 별로 이익이 없으니까 버는 대로 써 버리거나, 쓰고 남은 돈을 집 안에 꼭꼭 숨겨 두었습니다. 땅이나 집 등 부동산을 사들이는 사람들도 많아졌습니다. 그러자 돈을 구하지 못해 문을 닫는 기업이 줄을 이었고, 단속을 피해 엄청난 이자를 받고 돈을 빌려 주는 사람들도 생겨났습니다. 정말 돈이 급히 필요한 사람들은 이자를 전보다 더 많이 줄 테니 제발 돈을 빌려 달라고 은행에 와서 사정을 하게 되었습니다.

얼마 가지 않아서 '없고' 나라에서는 다시 한번 국민 투표가 실시되었습니다. '이자 금지법'을 폐지할 것인지 계속 유지할 것인지를 묻는 국민 투표였습니다. 투표 결과가 어떻게 나왔을지는 여러분이 각자 추측해 보세요.

'없고' 나라의 국민 투표

클릭! 어린이 경제

이자가 왜 필요한건가요?

이자가 붙기 때문에 돈을 가지고 있는 사람은 가만히 앉아서도 돈을 벌 수 있습니다. **이자**는 그 돈을 남에게 빌려 주지 않고 다른 곳에 사용했을 때 얻을 수 있는 이익을 보상받는 것입니다. 예를 들어 갑이라는 사람이 은행에 예금한 100만 원을 을이라는 사람에게 빌려 주었다고 생각해 봅시다. 갑이 만약 100만 원으로 물건을 사 뒀는데 물건값이 올랐다면 그만큼 돈을 벌 수도 있었을 것입니다. 또, 갑이 100만 원으로 사업을 했다면 어느 정도의 이익을 남길 수도 있었을 것입니다.

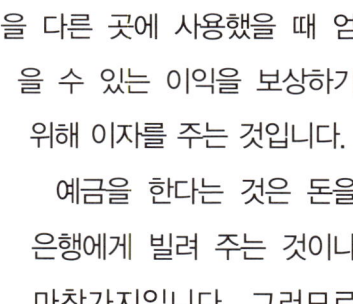

그렇기 때문에 을은 갑이 그 돈을 다른 곳에 사용했을 때 얻을 수 있는 이익을 보상하기 위해 이자를 주는 것입니다.

예금을 한다는 것은 돈을 은행에게 빌려 주는 것이나 마찬가지입니다. 그러므로 은행에서는 돈을 맡긴 사람에게 이자를 주는 것입니다. 이렇게 이자를 주고 돈을 빌린 은행은 그 돈을 개인이나 기업체에 다시 빌려 주고 이자를 받습니다. 이 때 은행이 받는 이자는 돈을 맡긴 사람에게 준 이자보다 더 많기 때문에 중간에서 이익을 남길 수가 있는 것입니다.

원래 빌려 간 돈에 대한 이자의 비율이 얼마나 되는가를 **이자율**이라고 합니다. 신문이나 뉴스에서는 이자율이라는 말 대신 금리라는 말을 자주 씁니다. 엄마가 옆집 아주머니에게 돈을 빌려 주고 이자를 얼마나 받는가는 그냥 이자율이라고 하지만 은행과 같은 금융 기관에서 정해 놓은 이자율은 **금리**라고 부릅니다.

이자율은 물건값처럼 수요와 공급에 의해 결정됩니다. 돈을 빌리려는 사람은 많은데 빌려 주려는 사람이 적으면 이자율이 올라가고, 돈을 빌려 주려는 사람은 많은데 빌려 쓰려는 사람이 적으면 이자율이 떨어집니다. 그렇기 때문에 이자율은 수시로 변합니다.

또, 은행마다 예금이나 대출의 종류에 따라 혹은 돈을 빌려 쓰는 사람의 신용 정도에 따라 금리는 조금씩 차이가 납니다.

'없는' 나라에 없는 것

 '없어' 별의 '없는' 나라에는 주식 회사가 없습니다. 그래서 '없는' 나라의 회사는 모두 규모가 작습니다.
 '없는' 나라의 진똑똑이는 어느 날 사업을 시작했습니다. 맛있는 아이스 크림을 만들어 파는 사업이었습니다. 하지만 돈이 모자라 은행에 가서 대출을 받았습니다. 공장을 세우고 기계를 사들이고 직원들을 고용하고, 판매해 줄 상점들과 계약을 맺느라고 진똑똑이는 정신 없이 바빴습니다.
 드디어 진똑똑이의 공장에서 아이스 크림이 생산되기 시작했습니다. 이름은 '똑똑이 아이스 크림'이라고 지었습니다. 똑똑이 아이스 크림은 아이들에게 아주 인기가 있었습니다. 진똑똑이는 곧 공장을 늘여야 했습니다. 지금의 공장에서 만들어 내는 양으로는 수요에 크게 부족했거든요.
 하지만 진똑똑이에게는 더 이상 돈이 없었습니다. 은행에서도 이제는 돈을 빌려 주려 하지 않았습니다. 그래서 진똑똑이는 궁리 끝에 친구에게 사업을 함께 하자고 했습니다. 갑부라는 친구는 돈은 아주 많았지만 직접 사업을 할 생각은 없는 사람이었습니다.

"사업은 내가 할 테니 너는 돈만 대주면 돼."

"네가 사업을 하는데 왜 내가 돈을 대주니?"

갑부가 의아해했습니다.

"그러니까 너랑 나랑 동업을 하는 거지. 이제부터 이 회사는 네 것이기도 한 거야. 사업이 잘 돼서 이익금이 많이 나면 너하고 나하고 반씩 나누는 거야, 어때?."

진똑똑이의 말에 갑부는 귀가 솔깃했습니다. 직접 일을 하지 않고 돈만 대주어도 회사의 주인이 될 수 있다니 말이에요. 그래서 갑부는 가지고 있던 돈을 모두 진똑똑이에게 주었습니다.

갑부뿐 아니라 다른 몇몇 친구들도 진똑똑이에게 돈을 주었습니다. 진똑똑이는 돈을 투자한 친구들에게 증명서를 써주었습니다. 그리고 자신의 회사에 돈을 투자한 친구들을 한 자리에 모아 놓고 회의를 열었습니다.

"여러분은 모두 이 회사의 주인입니다. 그러니까 이 회사를 어떻게 운영할 것인지를 결정할 권리가 여러분에게도 있습니다."

회의에서는 먼저 이 회사의 사장을 누가 맡을 것인지에 대해 결정해야 했습니다. 지금까지와 같이 진똑똑이가 사장을 할 것인지, 다른 사람을 사장 자리에 앉힐 것인지를 놓고 투표를 하기로 했습니다. 이 때 갑부가 불만이 가득한 목소리로 말했습니다.

"나는 이 회사에 제일 많은 돈을 내놓았습니다. 쌈지는 겨우 10만 원밖에 투자하지 않았는데 나는 5천만 원이나 투자했단 말입니다. 그런데 쌈지도 한 표, 나도 한 표라면 너무 불공평하잖아요?"

갑부의 말을 듣고 보니 정말 그랬습니다.

그래서 진똑똑이는 각 사람들이 투자한 금액에 따라 각각 다르게 투표권을 나눠 주기로 했습니다. 10만 원을 투자한 쌈지는 1표, 100만 원을 투자한 부자는 10표, 5천만 원을 투자한 갑부는 500표를 갖게 했습니다. 그러니까 만약 어떤 안건에 대해서 쌈지가 반대를 하면 한 사람이 반대한 것이지만 갑부가 반대를 하면 500사람이 반대하는 것과 똑같아지는 것입니다. 진똑똑이 자신도 회사에 많은 돈을 투자했으니까 그만큼의 투표권을 가졌습니다.

투표 결과 진똑똑이는 다시 사장이 되었습니다. 1년이 지난 뒤에는

그 동안 사업을 해서 벌어들인 돈을 사람들에게 나눠 주었습니다. 돈을 많이 투자한 사람은 그만큼 많은 돈을 가져갈 수 있었습니다.

그러던 어느 날이었습니다. 갑부네 집에 큰일이 생겨서 갑자기 많은 돈이 필요하게 되었습니다. 갑부는 진똑똑이를 찾아와서 자신이 투자한 돈을 돌려 달라고 했습니다.

"그건 안 돼. 네가 투자한 돈은 이 회사를 세우는 데 들어갔어. 공장을 지을 땅도 사고 기계도 사고. 그 돈을 돌려주려면 공장을 파는 수밖에 없는데 그렇게 되면 돈을 투자한 다른 사람들은 어떻게 하라고?"

"그럼 어떻게 하지? 나는 지금 급하게 돈이 필요하단 말이야. 다 돌려 달라는 건 아니고 1천만 원만 주면 돼."

진똑똑이는 궁리 끝에 갑부가 갖고 있는 투자 증명서 중에서 일부를 다른 사람에게 팔라고 했습니다. 갑부가 '똑똑이 아이스 크림' 회사의 투자 증명서를 팔겠다고 하자 사람들은 너도나도 그 증명서를 사겠다고 했습니다. 왜냐하면 '똑똑이 아이스 크림' 회사는 사업이 잘 돼서 매년 많은 이익금을 받을 수 있었으니까요.

갑부는 1천만 원짜리 증명서를 1천 2백만 원에 팔았습니다. 갑부는 특별히 노력하지도 않고 200만 원이나 이익을 본 셈입니다.

주식회사는 어떻게 해서 생겼나요?

주식 회사란 여러 사람에게서 모은 자본금으로 운영되는 회사를 말합니다. '없는' 나라의 진똑똑이 아이스 크림 회사는 처음에 진똑똑이 혼자의 돈으로 세운 개인의 회사였지만 기업의 규모를 늘리기 위해 여러 사람들에게 돈을 모았고, 그 결과 주식 회사가 된 것입니다.

주식 회사에 돈을 투자한 사람들을 **주주**라고 부릅니다. 주주는 자신이 돈을 투자한 만큼씩 그 회사에 대한 소유권을 갖습니다. 그리고 1년에 한 번씩 주주 총회를 열어 주요 경영단을 뽑습니다.

주식 회사는 주인 따로, 경영자 따로입니다. 주주는 직접 경영을 하지 않는 대신 회사의 사장과 임원들을 뽑습니다. 또한 사장이나 임원들이 일을 제대로 못하면 다른 사람으로 바꿀 수도 있습니다.

주주는 회사에 대한 권리만 갖는 것이 아니라 책임도 져야 하기 때문에 경우에 따라서는 투자한 돈을 모두 잃을 수도 있습니다. 회사가 빚을 많이 지고 문을 닫아야 할 경우는 회사를 팔아서 우선 빚을 다 갚고 남은 돈을 주주들이 나눠 가져야 하니까요.

진똑똑이가 돈을 투자한 사람들에게 나눠 준 증명서가 바로 **증권**, 또는 **주식**입니다. 그리고 사업을 해서 얻은 이익금 중 주주들에게 나눠 주는 돈을 **배당금**이라고 합니다. 사업이 잘 되면 배당금도 늘어나고 잘 안 될 때는 배당금이 적거나 아예 없을 수도 있습니다.

주식은 사고 파는 물건과 마찬가지로 마음대로 사고 팔 수 있습니다.

주식의 가격을 **주가**라고 하는데, 증권에 씌어 있는 가격대로 사고 파는 것이 아니라 그보다 높거나 낮은 가격에도 거래되는 것입니다. 이것은 주가 역시 다른 상품과 마찬가지로 수요와 공급에 의해 결정되기 때문입니다. 어느 기업의 사업이 앞으로 잘 될 것이라고 예상하는 사람이 많으면 너도나도 그 주식을 사려고 할 것이고, 그러면 주가는 올라갈 것입니다. 반대로 어느 기업의 사업이 앞으로 잘 안 될 것 같으면 주식을 팔려는 사람은 많고 사겠다는 사람은 적을 테니 자연히 가격이 떨어질 것입니다. 또, 주가는 이 밖에 여러 다른 원인에 의해서도 시시각각 민감하게 반응합니다.

주가는 이렇게 수시로 변하기 때문에 주식을 싼 값에 샀다가 비쌀 때 되팔면 그 차이만큼 이익을 얻을 수 있습니다. 이것을 **매매 차익**이라고 합니다. 텔레비전이나 신문이 쉴 새 없이 주가와 같은 증권 소식을 전해 주는 이유를 이제 알겠지요?

꼬망 나라의 경제

- 세금 이야기　생일세, 결혼세, 우등생세
- 국민 총생산　'낭비금지법'을 선포하노라
- 물가 이야기　그물 메고, 새총 들고 물가 잡으러 가자
- 실업 이야기　놀고먹는 사람들을 모두 잡아들여라

생일세, 결혼세, 우등생세…

어느 조그만 섬나라 이야기입니다. 어느 날 왕이 갑자기 세상을 떠나자 이제 겨우 10살 밖에 안 된 어린 아들이 왕위를 잇게 되었습니다. 사람들은 이 나이 어린 왕을 꼬마 왕이란 뜻으로 '꼬망' 이라고 불렀습니다.

꼬망은 초등 학생이었기 때문에 왕이 된 다음에도 계속 학교에 나가야 했습니다. 그런데 꼬망의 학교에는 농구 골대가 두 개밖에 없고, 농구공도 하나 뿐이어서 여간 불편한 게 아니었습니다. 그래서 꼬망의 친구들은 꼬망에게 이렇게 부탁했습니다.

"꼬망, 너는 왕이니까 우리 학교 운동장에 농구 골대를 열 개만 더 만들어 줘. 그리고 농구공도 5개만 더 사 주고."

"그래, 그러지 뭐."

꼬망은 자신 있게 대답했습니다.

왕궁으로 돌아온 꼬망은 곧 신하들에게 명령을 내렸습니다.

"우리 나라의 모든 초등 학교에 농구 골대를 10개씩 만들어 주고, 공도 5개씩 새로 사 주시오."

"폐하, 하지만 운동장이 좁아서 농구 골대를 10개나 놓을 수 없는 학교가 많을 텐데 어찌해야 할런지요?"

"그럼 운동장을 늘려야지요."

이렇게 해서 꼬망 나라의 모든 초등 학교는 운동장을 두 배로 늘리고, 넓어진 운동장에 농구 골대를 10개씩 세웠습니다.

며칠 뒤 꼬망의 친구들이 또다른 부탁을 했습니다.

"꼬망, 우리 할머니가 사시는 시골까지는 길이 뚫려 있지 않아서 중간에 차에서 내려 한참을 걸어가야 해. 우리 할머니네 동네까지 길을 뚫어 줘."

"그래, 그렇게 하지."

"꼬망, 우리 동네에 가족이 없는 할머니 할아버지들이 모여 사는 집이 있는데 쌀이 떨어져서 매일 밀가루로 수제비만 만들어 드신대. 그런 분들에게 나라에서 쌀과 돈을 줘야 하는 거 아니니?"

"그럼, 물론 드려야지."

꼬망은 매일 친구들에게 여러 가지 부탁을 들었고 그 때마다 다 들어주었습니다. 그렇게 몇 달이 지나자 나라의 돈이 바닥나 버렸습니다.

"폐하, 이제 돈이 없어서 더 이상 아무것도 할 수 없습니다. 어떻게 하면 좋을까요?"

신하들이 걱정스럽게 말했습니다.

"그럼 세금을 더 거두면 되지요."

"올해 받기로 약속한 세금은 이미 다 거둬 버렸습니다. 세금을 더 거두려면 뭔가 이유가 있어야 할 텐데……."
한참을 궁리한 끝에 꼬망은 좋은 방법을 생각해 냈습니다.
"생일 세금을 받으면 어떨까요? 생일을 맞은 사람들은 누구나 다 나라에 세금을 내게 하는 거예요. 이 세상에 생일이 없는 사람은 없을 테니까 그러면 많은 세금을 거둬들일 수 있을 것입니다. 그렇죠?"
꼬망은 곧바로 전 국민에게 생일세를 내라는 명령을 내렸습니다. 그리고 이렇게 거둔 세금으로 전처럼 친구들의 부탁을 들어 주었습니다.

방학 때 모두 함께 외국으로 여행도 보내 주었고, 학교에 컴퓨터 오락실까지 만들었습니다.

워낙 쓰는 곳이 많다 보니 새로 거둔 세금도 금세 바닥이 나버렸습니다. 그럴 때마다 꼬망은 온갖 기막힌 이유를 만들어 새로 세금을 받아 냈습니다. 생일세에 이어서 결혼을 하는 사람들에게는 결혼세를, 치마를 입고 다니는 사람에게는 치마세, 바지를 입고 다니는 사람에게는 바지세를 받았습니다. 심지어는 공부를 잘하는 학생들에게 우등생 세금까지 받았습니다.

이렇게 세금이 눈덩이처럼 커지자 국민들의 원망도 그만큼 커져 갔습니다. 돈을 아무리 열심히 벌어도 세금으로 다 나가기 때문에 먹고 살기조차 어려웠습니다.

그러던 어느 날 꼬망은 가장 친한 친구인 예쁜이가 이민을 간다는 말을 들었습니다.

"예쁜아, 가지 마. 나하고 같이 공부하자."

꼬망은 울면서 사정했습니다.

"안 돼. 우리 엄마 아빠가 이 나라에서는 더 이상 못 살겠대."

"아니, 왜?"

꼬망은 깜짝 놀라서 물었습니다. 꼬망은 이것저것 좋은 일을 많이 했다고 생각해 왔는데 이 나라에서 못 살겠다며 외국으로 떠나는 국민이 있다니 깜짝 놀라지 않을 수 없었습니다.

"세금 때문에."

생일세, 결혼세, 우등생세…

"뭐라고? 세금!"

"네가 왕이 된 다음부터 세금을 너무 많이 거둬서 우리 집이 가난해진 거래. 지난 달에는 나와 내 동생이 모두 반에서 1등을 하는 바람에 우등생세를 30만 원이나 냈대. 그래서 이번 달에는 학교 수업료 낼 돈도 없어."

꼬망은 고개를 푹 숙인 채 왕궁으로 돌아왔습니다. 그러고는 제일 나이가 많은 신하를 불러서 물어 보았습니다.

"세금을 많이 거두면 국민들이 가난해지나요?"

"물론 그렇지요, 폐하."

신하가 대답했습니다.

"하지만 세금은 모두 국민들을 위해 꼭 필요한 곳에 썼단 말이에요. 나 혼자 써 버린 것도 아니고 다른 데에 숨겨 둔 것도 아니라고요. 그런데도 왜 국민들이 가난해졌을까요?"

"폐하가 왕이 되시기 전에는 왕비 마마께 용돈을 타 쓰셨지요?"

"네. 그 때는 어마 마마가 매주 용돈을 주셨어요. 아무리 왕자라도 용돈은 다른 아이들과 똑같이 받아야 한다면서 꼭 3000원씩밖에 안 주셨어요."

"그 용돈을 어떻게 썼는지 생각해 보세요. 필요한 물건이 있으면 무조건 샀나요?"

신하의 말에 꼬망은 고개를 가로저었습니다.

"천만에요. 3000원으로 어떻게 필요한 걸 다 사겠어요? 꼭 필요한 것, 당장 급한 것부터 사고 값이 많이 나가는 물건을 사야 할 때는 몇 달씩 돈을 모아서 샀어요. 스케이트 보드를 사는 데는 1년이나 걸렸다니까요."

"나라 살림을 하는 것도 그것과 똑같습니다. 필요하다고 해서 당장 모든 것을 다 하려고 들면 돈이 너무 많이 들어가지요. 그러면 국민들에게 세금을 많이 걷게 되고 결국은 국민을 위한다는 일이 오히려 해를 입히게 되는 겁니다. 나라 살림도 계획을 세워서 가장 급하고 중요한 일부터 차근차근 해 나가야 한답니다."

이 때부터 꼬망은 누가 무슨 부탁을 하든지 신하들과 의논해서 꼼꼼히 따져본 다음 필요한 순서대로 해 나갔습니다. 따라서 세금도 꼭 필요한 만큼만 거두게 되었고 국민들도 꼬망을 칭송하였습니다. 이제 예쁜이네 식구들은 이민을 가지 않아도 되었습니다.

세금은 왜 내야하나요?

　나라에서는 세금으로 도로나 댐 같이 모든 사람이 두루 이용할 수 있는 시설을 만듭니다. 또, 나라를 지킬 군대를 유지하고, 가족이 없는 아이들이나 노인, 환자 등을 보살펴 주기 위해서도 돈이 필요합니다. 이런 일들을 하기 위해서 나라에서는 세금을 걷는 것입니다.

　그렇다고 꼬망이 처음에 그랬던 것처럼 왕이나 대통령이 마음대로 세금을 거둬들인다면 국민들이 가만히 있지 않겠지요?

　민주주의 국가에서는 국민으로부터 세금을 얼마나 어떻게 거둬들일 것인지를 법으로 정해 놓고 있습니다. 또, 세금을 쓸 때는 먼저 국회의 허락을 받아야 합니다.

　세금에는 여러 종류가 있습니다. 오늘 하루 동안 우리 가족이 얼마나 많은 종류의 세금을 냈는지 한 번 따져 볼까요?

　오늘 나는 학교에서 돌아오는 길에 편의점에 들러 아이스 크림을 사 먹었습니다. 엄마는 시장에서 내 운동화를 사고, 집 근처 단골 미용실에서 머리를 잘랐습니다. 그리고 아빠는 퇴근 후에 회사 옆 주유소에 들러 차에 휘발유를 넣었습니다.

　오늘 우리 가족 중에 세금 고지서를 들고 은행에 가서 돈을 직접 지불한 사람은 아무도 없습니다. 그러면 도대체 언제 어떻게 세금을 낸 거냐고요? 따로 낸 것은 아니지만, 상품을 사면서 자동으로 낸 셈이지요.

내가 사 먹은 아이스 크림 값에도 세금이 포함되어 있고, 엄마가 사 오신 운동화값의 일부도 세금입니다. 또, 엄마가 미장원에서 머리를 자르고 낸 돈에도 세금이 포함되어 있는 것입니다.

　이와 같이 상품에 따라붙는 세금을 **부가 가치세**라고 합니다. 부가 가치세란 새로운 이익이나 가치가 생길 때마다 덧붙여

내는 세금입니다. 아이스 크림 회사에서는 우유와 설탕, 향료 등을 사 가지고 아이스 크림을 만들어 냅니다. 1000원 짜리 아이스 크림 하나에 들어가는 원재료의 가격이 500원이라면, 500원의 가치는 이미 있던 것이고 아이스 크림 회사에서 새로 더해진 금액은 나머지 500원입니다. 따라서 세율이 10%일 경우, 아이스 크림 가격 1000원 속에는, 순수하게 아이스 크림 회사에서 만든 가치(이익) 450원에 부가 가치세 50원이 더해져 있는 것입니다.

　부가 가치세는 그 상품을 만들어 낸 회사가 내는 것으로 되어 있지만 실제로는 상품을 사 쓰는 소비자가 냅니다. 왜냐하면 그 상품의 가격에 부가 가치세가 포함되어 있기 때문입니다.

　어떤 상품에는 부가 가치세 이외에 또 다른 세금이 붙기도 합니다. 아빠가 주유소에 들러 차에 넣은 휘발유의 경우를 한번 볼까요? 휘발유

에는 교통세나 교육세 등이 붙어 있는데 이런 세금은 다른 곳에는 쓸 수 없고, 교통이나 교육을 위해서만 써야 하는 돈입니다. 이와 같이 특별한 목적을 갖고 거둬들이는 세금을 **목적세**라고 합니다.

부가 가치세나 각종 목적세처럼 이미 물건값에 포함되어 있는 세금은 누가 얼마의 세금을 내야 하는지가 정해져 있지 않고 그 물건을 사는 사람은 누구나 다 내게 되어 있습니다. 이렇게 세금을 내야 할 사람이 미리 정해져 있지 않아 돈을 부담하는 사람과 그 돈을 세금으로 나라에 납부하는 사람이 서로 다른 경우의 세금을 **간접세**라고 합니다.

세금은 물건을 살 때뿐 아니라 돈을 벌었을 때도 내야 합니다. 아빠가 월급을 타오신 날, 월급 봉투를 한번 보세요. 거기에는 월급 중의 일부 금액이 여러 가지 세금으로 제해져 나갔다고 씌어 있을 것입니다. 이처럼 일을 해서 임금을 받든가 장사를 해서 이익이 생겼을 때는 그 중 일부를 세금으로 내야 하는데 이런 세금을 **소득세**라고 합니다. 또, 기업이 사업을 해서 이윤을 남겼을 때 내는 세금을 **법인세**라고 합니다.

소득세와 법인세는 돈을 많이 벌면 벌수록 더 많이 내고, 적게 벌면 적게 냅니다. 이를 **직접세**라고 하는데 돈을 번 사람이나 기업에게 직접 세금을 받고 세금을 부담하는 사람과 납부하는 사람이 일치합니다. 부모의 재산을 물려받았을 때 내는 상속세나, 집이나 땅 등 자신이 갖고 있는 재산에 대해서 내는 재산세 등도 모두 직접세입니다.

간접세가 소득이 많든 적든 누구나 똑같은 세금을 내게 되는 데 비해, 직접세는 부자는 많이, 가난한 사람들은 적게 내는 특징이 있습니다. 이처럼, 빈부의 차이, 소득을 얻기 위해 들어간 노력의 정도 등을 따져 세금을 달리하는 것을 **누진세**라고 부릅니다. 이렇게 하면 부자는 더욱 부자로, 가난한 사람은 계속 가난하게 살게 되는 불공평을 어느 정도는 막을 수 있겠지요?

그물 메고 새총 들고 물가 잡으러 가자

꼬망에게 요즘 한 가지 커다란 고민거리가 생겼습니다. 국민들이 보내 온 편지가 산더미 같이 쌓였기 때문입니다. 꼬망은 그 편지를 일일이 읽어 볼 시간이 없었기 때문에 살뜰 장관에게 대신 읽고 내용을 간추려서 보고하라고 했습니다. 편지를 모두 읽고 난 살뜰 장관은 편지의 내용이 모두 비슷하다며 이렇게 한 마디로 요약해 주었습니다.

"국왕 폐하, 백성들이 뛰는 물가 때문에 고통 받고 있습니다. 물가를 잡아 주시옵소서."

하지만 꼬망은 도대체 물가가 무엇인지 알 수 없었습니다.

'물가가 뭔데 나더러 잡아 달라고 하는 거지? 물가가 동물인가? 아니야. 우리 나라에 그런 동물이 산다는 얘기는 들어 본 적이 없어. 그럼 달리기를 아주 잘하는 도둑이나 강도 이름인가? 그러면 경찰이 잡아야지 왜 나더러 잡으라는 거지?'

신하들에게 물어 보자니 너무 창피해서 혼자 머리를 짜내 봤지만 알 수가 없었습니다. 그래서 하는 수 없이 친구 만득이를 불렀습니다.

"만득아, 너 물가가 뭔지 아니?"

꼬망이 모르는 것을 만득이라고 별 수 있겠어요. 꼬망과 만득이는 서로 얼굴을 보며 눈만 끔뻑거렸습니다. 답답해진 꼬망이 만득이를 닥달했습니다.

"아이고, 답답해. 뭐 생각나는 거 없어?"

"아, 알았다! 물가는 분명히 괴물일 거야. 이리저리 날뛰면서 사람들을 괴롭히는 괴물."

만득이의 대답에 꼬망은 고개를 끄덕였습니다.

꼬망은 곧 신하들을 모아 놓고 이렇게 말했습니다.

"오늘부터 이 나라에 물가와의 전쟁을 선포하노라. 모든 군대와 경찰은 철저히 무장을 하고 물가를 향해 공격하라!"

그러자 신하들은 모두 고개만 갸웃거릴 뿐 대답을 하지 않았습니다. 살뜰 장관이 살며시 꼬망의 귀에 대고 속삭였습니다.

"폐하, 물가는 경찰이나 군대가 잡을 수 있는 것이 아닙니다. 폐하께서 직접 잡으셔야 합니다."

이 말을 들은 꼬망은 얼굴이 벌겋게 달아올라서는 다시 만득이를 불렀습니다.

"큰일났어. 물가를 나더러 직접 잡아 오래. 도대체 무엇으로 물가를 잡으면 좋을까?"

꼬망이 안절부절못하며 말하자 만득이는 빙긋이 웃으며 등 뒤에 감추고 있던 것을 보여 주었습니다.

그물 메고, 새총 들고 물가 잡으러 가자

"내가 누구니? 너의 가장 친한 친구이자 못 만드는 것이 없는 발명왕 아니니? 그렇지 않아도 내가 물가 괴물을 잡을 만한 기구들을 만들어 왔으니까 걱정하지 말라고."

만득이가 만들어 가지고 온 것은 새총과 그물이었습니다.

"이 새총은 백 미터 밖에서 나는 새도 정확하게 맞출 수 있어. 그리고 이 그물은 코끼리도 덮어씌울 수 있을 만큼 크다고. 이것들만 있으면 물가 괴물을 간단하게 잡을 수 있을 거야."

"고맙다, 만득아. 역시 너밖에 없어."

꼬망은 벌써 '물가 괴물'을 잡기라도 한 듯 기뻐하며 만득이의 손을 힘껏 잡았습니다.

그리고는 어깨에는 커다란 그물을 메고 손에는 새총을 들고 물가를 잡으러 룰루랄라 휘파람을 불며 왕궁을 나섰습니다.

인플레이션은 국민 경제에 어떤 영향을 주나요?

물가란 희귀한 동물도, 달리기 잘하는 도둑이나 강도도, 괴물도 아닌 바로 상품의 가격입니다. 상품의 가격은 하나로 정해져 있는 것이 아니니까 오르기도 하고 내리기도 합니다. 또, 모든 상품의 값이 똑같은 폭으로 오르내리는 것이 아니라 상품에 따라 들쭉날쭉 제각각입니다.

이렇게 저마다 다르게 오르고 내리는 상품의 가격을 평균해서 **물가**라고 부릅니다. 그러니까 엄마가 물가가 올랐다고 하는 것은 어느 한두 가지 상품 값이 올랐다는 것이 아니라 모든 상품의 가격이 대체로 올랐다는 의미입니다.

물가가 일정 기간 동안 계속해서 오르는 것을 **인플레이션**이라고 합니다. 인플레이션에는 몇 가지 원인이 있습니다.

수요는 늘어나는데 공급이 줄어들면 시장에 상품이 부족해져 가격이 오르게 됩니다. 또 나라에서 화폐를 너무 많이 찍어 내게 되면 인플레이션이 일어날 수 있습니다. 돈이 많으면 당장 필요하지 않은 상품까지 사려고 할 테니까 수요가 공급보다 많아져 물가가 오르는 것입니다.

물가가 아무리 오르더라도 모든 상품의 가격이 똑같은 폭으로 오른다면 큰 문제가 없을 것입니다. 물건 값이 오른 만큼 아빠의 월급도 오르면 우리 집의 살림에는 별다른 변화가 없을 테니까요. 하지만 인플레이션이 문제가 되는 것은 실제로 상품의 가격이 들쭉날쭉 오른다는 데 있습니다.

생산비는 많이 오르는데 기업에서 생산하는 상품의 값은 그만큼 오르지 않는다면 그 기업은 더 이상 생산을 하기가 어려울 것입니다. 또 쌀값, 휘발유값 등은 자꾸 오르는데 노동자의 임금은 그대로라면 노동자들도 살기가 어려워질 것입니다.

물건값이 오른다는 것은 곧 돈의 가치가 떨어지는 것을 의미합니다. 예전에 10만 원으로 쌀을 2가마니 살 수 있었는데, 물가가 2배(100%) 올랐다면 똑같은 돈 10만 원으로 이제는 쌀 1가마니밖에 살 수 없게 되는 거지요.

이렇게 돈의 가치가 떨어지기 때문에 사람들은 은행에 저축을 하는 대신 값이 오를 만한 물건을 사 두었다가 되팔아서 쉽게 큰돈을 벌려고 합니다. 따라서 은행에서는 기업에 돈을 빌려 주지 못하고 돈이 부족해진 기업은 사람을 줄입니다. 결국 일자리를 잃는 사람이 늘어나고 가정의 소득이 줄어 생활이 어려워지는 것입니다.

이와 같이 인플레이션은 경제에 여러 가지 나쁜 영향을 미칩니다.

'낭비 금지법'을 선포하노라

  꼬망이 왕위에 오른 지 1년이 지났습니다. 그 동안 꼬망은 열심히 나랏일을 했지만 그 결과가 어떤지 걱정이 되었습니다. 그래서 알뜰 장관에게 1년 동안 꼬망 나라에서 생산된 재화와 용역이 얼마나 되는지 알아오게 했습니다.

  며칠이 지나 알뜰 장관은 백과 사전 만큼이나 두꺼운 보고서를 만들어 가지고 왔습니다. 그 보고서에는 1년 동안 꼬망 나라에서 생산된 모든 재화와 용역의 양이 적혀 있었습니다.

쌀 1백만 가마, 보리 5천만 가마, 콩 3천만 가마 …….
운동화 5만 켤레, 구두 8만 켤레 …….
텔레비전 2만 대, 냉장고 2만2천 대 …….
의료 …….
교육 …….

꼬망은 밤을 새워 가며 보고서를 읽다가 그만 지쳐 버렸습니다.
"이 보고서를 다 읽으려면 1년은 걸리겠소. 좀더 간단하게 다시 만들어 오시오."

꼬망의 명령을 받고 알뜰 장관은 또다시 며칠 동안 끙끙거리며 계산기를 두드렸습니다. 그러더니 이번에는 손바닥만한 쪽지 한 장에 써 가지고 왔습니다.

꼬망 나라의 2000년
국민총생산 : 100조 원
1인당 국민 총생산 : 1000만 원 (인구 1000만 명)

꼬망은 한참 동안 쪽지를 들여다보았습니다. 하지만 이것만 보고는 국민들이 더 잘 살게 된 건지, 그렇지 않은 것인지 도대체 알 수가 없었습니다. 그래서 이번에는 그 전 해의 국민 총생산을 구해 오라고 했습니다.
알뜰 장관은 부지런히 자료를 뒤져서 1999년도의 국민 총생산을 구해 왔습니다.

꼬망 나라의 1999년
국민 총생산 : 70조 원
1인당 국민 총생산 : 700만 원 (인구 1000만 명)

이것을 보고 꼬망은 무척 기뻐했습니다.
"역시 내가 왕이 된 후로 우리 국민들이 잘 살게 되었군. 국민 총생산이 이렇게 많이 늘어난 걸 보니 나는 역시 훌륭한 왕이야."

"그런데 폐하, 좀 이상한 점이 있습니다. 실제로 우리 국민들은 요즘 살기가 어렵다고 걱정이 많거든요. 국민 총생산은 이렇게 많이 늘어났는데 왜 국민들은 더 가난해졌을까요?"

꼬망과 신하들은 모두 고개를 갸웃거리면서 생각에 잠겼습니다. 아무리 생각해도 이유를 알 수 없었습니다.

한참 만에 한 신하가 말했습니다.

"국민들이 낭비를 하기 때문이 아닐까요? 생산해 낸 상품들을 함부로 써 버리면 아무리 많이 만들어 내도 가난할 수밖에 없잖아요."

이 말을 들은 다른 신하가 거들었습니다.

"옳아요. 바로 그겁니다. 그럼 국민들이 더 잘살게 하기 위해서는 생산을 늘리는 것보다 낭비를 막는 것이 더 중요하겠군요."

신하들의 이야기를 듣고 난 꼬망은 근엄한 목소리로 이렇게 외쳤습니다.

"지금 당장 이 나라에 '낭비 금지법'을 선포하라."

국민 총생산은 어떻게 구하나요?

국민 총생산(GNP)이란 한 나라 국민이 일정한 기간 동안 생산한 재화와 용역의 가치를 모두 더한 것입니다.

첫째, 한 나라 국민이라고 했으므로 국민 총생산에는 외국인이 우리 나라에 와서 생산한 것은 포함되지 않습니다. 반대로 우리 나라 국민이 생산한 것이라면 미국에 가서 생산한 것이든, 중국에 가서 생산한 것이든 우리 나라의 국민 총생산에 포함됩니다.

둘째, 일정 기간이란 보통 1년을 의미합니다.

셋째, 최종적인 용도로 사용되는 재화와 용역만이 국민 총생산에 포함됩니다. 예를 들어 밀가루 200원어치로 1000원짜리 빵을 만들었다고 합시다. 이 때 소비자에게 최종적으로 판매된 빵의 가격 1000원은 국민 총생산에 포함되지만 밀가루 가격 200원은 제외됩니다. 이 200원의 가치는 이미 빵을 만드는 데 든 비용 1000원 속에 들어가 있기 때문입니다. 따라서 빵

을 만드는 데 들어간 다른 재료들, 계란, 설탕, 우유 등도 다시 계산할 필요가 없겠지요.

　대부분의 상품은 그 자체로 소비되기도 하고, 다른 상품의 재료로 쓰이기도 합니다. 토마토의 경우, 집에서 그냥 먹을 수도 있고, 공장에서 케첩이나 주스 등을 만드는 재료로 쓰기도 합니다. 어떤 상품이 재료로 쓰였는지 그 자체로 소비되었는지를 구별해 내기는 어렵습니다. 예를 들어 어떤 나라에서 1년 동안 토마토가 5천만 원어치 생산되었는데 그 중 얼만큼이 기업에서 케첩이나 주스 등을 만드는 재료로 쓰였고 얼만큼이 가정에서 직접 소비되었는지를 정확히 구별하는 것은 거의 불가능합니다.

　이것은 다른 말로 하면 실제 국민 총생산을 계산할 때는 생산 단계에서 새롭게 만들어진 가치, 즉 부가 가치의 합을 계산해야 한다는 뜻이지요. 농부가 3천만 원어치의 밀을 추수했고, 그 밀을 모두 가져다가 공장에서 5천만 원어치의 밀가루를 만들어 냈다면 국민 총생산에 포함되는 금액은 얼마일까요? 정답은 '밀'의 부가 가치 3천만 원에 '밀가루'의 부가 가치(밀가루의 가치에서 밀의 가치를 뺀 것) 2천만 원을 더한 5천만 원이 되겠지요.

　그런데 국민 총생산을 처음에 꼬망 나라의 알뜰 장관이 했던 것처럼 쌀 몇 가마, 신발 몇 켤레로 계산하려면 간단하지 않을 것입니다. 한 나라에서 생산되는 재화와 용역의 종류는 어마어마하게 많아서 그것을 일일이 따로따로 계산한다면 전체 양이 얼마나 되는지는 도무지 가늠을 할 수가 없기 때문입니다.

그렇기 때문에 국민 총생산은 모든 가치를 돈으로 바꿔서 계산합니다. 쌀이 1백만 가마 생산되었고, 쌀 한 가마의 가격이 10만 원이라면 1백만 × 10만 원이 쌀의 총가치가 됩니다. 이런 식으로 모든 재화와 용역의 가치를 더해 가는 것입니다. 꼬망 나라의 알뜰 장관이 두 번째로 구해 온 국민 총생산이 바로 이 방법을 통해 구한 것이지요.

하지만 이것으로 모든 문제가 해결된 것은 아닙니다. 가만히 기억을 되살려 보세요. 여러분이 유치원에 다닐 무렵 과자 한 봉지가 얼마였지요? 껌 한 통이 얼마였는지 기억나나요? 그 때와 지금의 물건값은 확연히 다를 것입니다.

자, 그런데 꼬망 나라의 국민 총생산이 늘었는데도 국민들의 실제 생활은 더 어려워진 까닭은 무엇일까요? 물론 낭비가 심한 것도 이유가 될 수 있겠습니다. 하지만 근본적인 이유는 항상 물가가 변하기 때문입니다. 보통 시간이 흐를수록 물가는 오르게 됩니다. 따라서 국민 총생산이 늘어났다고 하더라도 상품 하나를 사용하기 위해 지출해야 하는 비용이 상대적으로 높아지므로 국민의 생활이 어려울 수밖에 없는 것입니다.

그리고 또 한 가지 다른 이유는 인구의 증가입니다. 만약 국민 총생산이 커졌더라도 인구가 그만큼 늘어났다면 국민 1인에게 돌아가는 소득이 낮아집니다. 그렇기 때문에 그 나라 국민이 얼마나 잘 살고 있는가를 알기 위해서는 국민 한 사람 한 사람의 소득이 얼마나 되는지를 구해 보아야 합니다. 이를 **1인당 국민 소득**이라고 하는데 국민 총생산을 그 나라 인구로 나눈 것입니다. 그리고 국민 총생산이 지속적으로 늘어나는 것을 **경제 성장**이라고 하지요.

놀고먹는 사람들을 모두 잡아들여라

꼬망이 '낭비 금지법'을 선포한 뒤에도 꼬망 나라의 국민들은 여전히 살기 어렵다고 했습니다. 꼬망은 국민들이 전보다 가난해진 이유가 다른 데 있는 건 아닌지 곰곰이 생각해 보았습니다.

그러던 어느 날 꼬망의 학교에서 수학 시험을 보았습니다. 채점을 마친 선생님은 실망스런 목소리로 말했습니다.

"우리 반 수학 실력이 영 엉망이에요. 만점을 받은 학생이 다섯 명이나 있어서 그나마 반 평균 점수가 겨우 60점을 넘었어요. 60점 이하로 받은 학생들이 수두룩하고, 심지어는 40점도 못 받은 학생들까지 있었어요."

앞자리에 앉은 천재는 100점을 받았고 그 옆에 앉은 칠칠이의 점수는 겨우 40점이었습니다. 천재가 칠칠이에게 눈을 흘기며 말했습니다.

"40점이 뭐냐? 너같은 아이들 때문에 우리 반 평균 점수가 떨어지는 거라고."

이 말을 들은 꼬망에게 퍼뜩 한 가지 생각이 떠올랐습니다.

'바로 그거야. 1인당 국민 소득도 평균 점수와 같은 거잖아. 몇몇 사람들이 열심히 일해서 많은 양을 생산해 내면 국민 총생산은 늘어나겠지만 놀고먹는 사람들은 국민 총생산이 아무리 늘어나고 1인당 국민 소득이 높아진다고 해도 여전히 가난할 수밖에 없지.'

왕궁으로 돌아온 꼬망은 살뜰 장관을 불렀습니다.

"우리 나라에서 일하고 있는 사람과 일하지 않는 사람이 각각 몇 명씩인지를 알아 오시오."

잠시 후 살뜰 장관이 헐떡거리며 뛰어왔습니다.

"폐하, 제가 조사한 바에 의하면 현재 우리 나라 전체 인구는 약 1000만 명이고 이 중 300만 명이 일하고 있습니다."

"그럼 나머지 700만 명은 놀고 있단 말입니까?"

"그런 셈이지요."

"그러니까 우리 나라 국민들이 가난한 거요. 열 명 중 일곱 명이 놀고먹는데 어떻게 잘 살 수가 있겠소. 내일부터 모든 국민이 일을 해서 돈을 벌도록 명령을 내리세요. 만약 일하지 않는 국민이 있다면 모두 교도소에 잡아넣으시오."

꼬망의 명령에 따라 다음 날부터 꼬망 나라에서는 교도소에 가지 않으려면 모든 국민이 일을 해야 했습니다. 그런데 꼬망이 학교에 가 보니 학생은 한 명도 없고, 선생님들만 등교해 있었습니다.

"어, 왜 아이들이 한 명도 없지요?"

"모두 일하러 갔지."

선생님의 대답에 꼬망은 허둥지둥 왕궁으로 돌아왔습니다.
왕궁 안은 그새 갓난아기들과 할머니 할아버지들, 환자들로 발 디딜 틈조차 없어져 버렸습니다. 일하지 않는 사람들을 모두 잡아넣으려다 보니 왕궁 교도소가 넘쳐났던 것입니다. 왕궁 문으로는 아직도 일하지 않는 사람들이 줄지어 끌려들어오고 있었습니다.
꼬망은 곧 명령을 취소하고 사람들을 집으로 돌려보냈습니다. 그리고 이번엔 살뜰 장관에게 어린아이나 노인, 환자, 학생, 주부 등은 빼고 일할 수 있는 능력이 있는데도 놀고먹는 사람들을 잡아오라고 했습니다. 살뜰 장관은 집집마다 돌아다니면서 직업 없이 놀고 있는 사람들

을 잡아들이기 시작했습니다.

　왕궁으로 잡혀온 사람들에게 꼬망은 긴 연설을 했습니다. 사람은 일을 해야지 놀고먹어서는 안 된다, 우리 나라 국민들이 가난한 것은 이렇게 일하지 않는 사람들이 많기 때문이라는 내용이었습니다. 그러자 한 젊은이가 불만이 가득한 목소리로 말했습니다.

　"누군 일하기 싫어서 안 하나요? 아무리 일하고 싶어도 일자리가 없는데 어쩌란 말입니까?"

　"일자리가 없다고?"

　꼬망은 생각지 못했던 말을 듣고 깜짝 놀랐습니다.

　"저는 지난 달까지 가방 공장에서 열심히 일했어요. 그런데 가방을 자동으로 만들어 주는 기계가 들어오면서 공장에서 쫓겨났지요."

　또 다른 사람이 말했습니다.

　"우리는 실업자라고요. 폐하, 우리에게 일자리를 만들어 주세요."

　사람들이 입을 모아서 소리쳤습니다.

　사람들이 게을러서 일을 하지 않는다고 생각하고 벌을 주려 했던 꼬망은 난처해졌습니다. 한참을 생각한 끝에 꼬망은 이렇게 말했습니다.

　"오늘 당장 왕궁에 직업 소개소를 만들어서 여기 모인 사람들에게 일자리를 찾아 주시오. 그래도 일자리를 구하지 못한 사람들은 국가에서 만들고 있는 댐 공사장으로 보내 일하게 하시오."

실업자는 왜 생기나요?

여러분의 가족은 모두 몇 명입니까? 그리고 가족 중에 일을 해서 돈을 벌고 있는 사람은 몇 명이지요?

나라마다 일을 해서 돈을 벌 수 있는 나이가 정해져 있는데, 우리 나라에서는 15세 이상이면 일할 능력이 있다고 보고 일을 하거나 시킬 수 있다고 정해 놓았습니다. 이보다 어린아이들을 고용해서 일을 시키는 것은 법으로 금지되어 있지요.

15세 이상의 국민 중에서 일을 할 능력도 있고 실제로 하려고 하는 사람들을 **경제 활동 인구**라고 합니다.

하지만 아무리 일을 하고 싶어하고, 일할 능력이 있다고 하더라도 일자리를 구하지 못하면 소용이 없습니다. 경제 활동 인구 가운데서 실제로 직장에서 일하고 있는 사람들을 **취업자**라고 합니다. 그 나머지 사람들 즉, 일자리를 구하지 못한 사람들을 **실업자**라고 부릅니다.

미경이 엄마는 매주 한 번씩 양로원에서 노인들의 빨래도 해 드리고 목욕도 시켜드리는 자원 봉사를 합니다. 그럼 미경이 엄마는 취업자일까요? 미경이 엄마도 분명히 일을 했지만 돈을 벌기 위해 일한 것이 아니므로 취업자가 아닙니다.

또, 철이 누나는 아빠가 하는 피자 가게에서 매일 여섯 시간씩 피자 배달하는 일을 합니다. 하지만 철이 누나는 따로 월급을 받지는 않습니다. 그렇다면 철이 누나는 취업자일까요, 실업자일까요? 철이 누나는 취업자라 할 수 있습니다. 가족이 하는 가게나 공장 등에서 일하는 사람도 취업자에 해당되기 때문입니다.

　이번에는 민숙이 아빠의 예를 보겠습니다. 민숙이 아빠는 회사에 다니다가 몸이 불편해서 1달간 휴가를 내고 지금 집에서 쉬고 있습니다. 민숙이 아빠는 취업자일까요, 실업자일까요? 직장이 있는데 개인적인 사정 때문에 잠시 쉬고 있는 사람도 취업자에 포함되기 때문에 민숙이 아빠도 취업자입니다.

　그럼 이번에는 실업자에 대해서 알아보겠습니다.

　영철이 삼촌은 일하고자 하는 생각이 전혀 없습니다. 여태까지 한번도 취직을 해 본 적이 없을 뿐만 아니라 취직을 하기 위해 이력서를 내거나 취직 시험을 보러 다닌 적도 없습니다. 영철이 삼촌도 실업자일까요?

　실업자는 일을 하고 싶어서 일자리를 찾아다니는데도 구하지 못한 사람들만을 가리키는 말입니다. 영철이 삼촌처럼 애초부터 일할 마음이 없는 사람은 경제 활동 인구에 포함되지 않기 때문에 실업자가 아닙니다.

　그렇다면 실업자는 왜 생길까요? 먼저 꼬망 나라의 어떤 실업자처럼 기계 때문에 생길 수 있습니다. 17세기 영국에서는 이렇게 실업자가 된 사람들이 기계를 파괴하는 운동을 벌인 적도 있습니다. 또한 나라 경제가 나빠지면 생길 수 있습니다. 경제가 좋지 않을 때 기업은 상품을 잘 팔지 못하게 되고 수입이 줄어들어 인원을 줄이게 됩니다. 임금으로 나

가는 비용이라도 줄이려는 것이지요.

　사람들은 일을 해서 돈을 벌어야 그 돈으로 자기 자신은 물론이고 가족들까지 먹고 살 수 있습니다. 아빠가 어느 날 갑자기 직장을 잃어서 돈을 한 푼도 벌어오지 못한다고 생각해 보세요. 집에 쌀이 떨어져도 쌀을 살 돈이 없을 것이고, 영화를 보러 간다거나 책을 사보는 것은 물론이고 학교도 다니지 못하게 될지 모릅니다. 생각만 해도 아찔하지요?

　이렇게 실업은 우리 사회에 심각한 문제를 만들어 나라 전체를 불안하게 만들 수 있습니다. 이런 까닭에 정부는 실업 문제를 해결하기 위해 적극 나설 수밖에 없습니다.

　우선 꼬망처럼 나라에서 직업 소개소를 만들어 일자리를 찾아 주거나, 댐 공사와 같은 큰 사업을 벌여 새로운 일자리를 만들기도 합니다. 또 새로운 기술을 배워 취업할 수 있도록 직업 교육을 실시하기도 합니다.

　하지만 이렇게 한다고 해도 한 사람도 빠짐없이 일자리를 갖는 것은 불가능합니다. 또 현재 일자리를 가진 사람도 언제 갑자기 실업자가 될지 알 수 없습니다. 그래서 세계 여러 나라에서는 새로운 직장을 구하는 동안 어느 정도의 생활을 할 수 있도록 도와 주는 사회 보장 제도를 무엇보다 중요하게 생각하고 있습니다.

개미 나라의 무역

- ● 무역 이야기 미순이의 해외 여행
- ● 무역 분쟁 이야기 여왕개미와 여왕벌의 한판 승부
- ● 환율 이야기 미돌이의 꿀벌 나라 여행
- ● 국제 수지 미순이의 용돈 기입장

미순이의 해외 여행

　개미 나라의 미순이는 어느 날 꿀벌 나라와 잠자리 나라로 해외 여행을 가기로 했습니다. 낯선 곳을 돌아다니면서 많은 것을 보고 배우고 싶었지요. 꿀벌 나라는 개미 나라 바로 옆에 붙어 있는 나라였고, 잠자리 나라는 비행기를 타고도 하루 종일 가야 하는 먼 곳이었습니다. 두 나라를 모두 돌아보고 오려면 돈이 무척 많이 필요했습니다. 하지만 미순이에게는 달랑 꿀벌 나라에 다녀올 교통비밖에 없었습니다.

　어떻게 하면 적은 돈으로 두 나라 모두를 여행할 수 있을까 궁리하던 미순이는 꿀벌 나라와 잠자리 나라에 대해 소개해 놓은 책을 읽기로 했습니다. 그 나라에 대해 공부를 하다 보면 뭔가 좋은 생각이 떠오를 것 같았습니다.

　지도를 펼쳐놓고 꿀벌 나라와 잠자리 나라의 지리, 역사, 정치, 경제, 문화 등에 대해 두루 공부하던 미순이에게 어느날 정말로 멋진 생각이 떠올랐습니다.

"맞아, 바로 이거야!"

미순이는 곧장 시장으로 달려갔습니다. 개미 나라에서 제일 큰 도매 시장에 간 미순이는 먼저 커다란 가방을 샀습니다. 그러고는 신발 가게에 가서 운동화를 잔뜩 샀습니다. 꿀벌 나라에 갈 교통비만 남겨 놓고 나머지 돈으로 모두 신발을 산 것입니다.

드디어 미순이가 출발하는 날이 왔습니다. 공항에 배웅을 나온 친구들이 미순이에게 물었습니다.

"돈이 모자란다면서 어떻게 할 거니?"

"걱정하지 마. 이게 있으니까."

미순이는 빙그레 웃으며 커다란 가방을 보여 주었습니다.

"와, 어디서 그렇게 많은 돈을 구했어?"

친구들은 미순이가 그 가방 가득 돈을 가져가는 줄만 알았습니다.

꿀벌나라에 도착한 미순이는 먼저 시장을 찾아갔습니다. 그러고는 적당한 곳에 자리를 잡고 앉아 가방 속의 신발을 모두 꺼내 놓았습니다. 꿀벌 나라에서는 개미 나라보다 운동화가 무척 비쌌습니다. 개미 나라에서 가져간 멋진 운동화는 날개 돋친 듯이 팔려 나갔습니다. 미순이는 개미 나라에서 사온 것보다 훨씬 비싼 값에 운동화를 팔았기 때문에 많은 돈을 남길 수 있었습니다.

운동화를 다 팔고 나자 미순이는 그 돈으로 꿀벌 나라 여행을 했습니다. 여기저기 문화재도 보러 다니고 경치 좋은 산과 강도 구경하고, 꿀벌 나라의 맛있는 벌꿀 요리도 먹어 봤습니다. 그리고 나서 마지막으로 꿀벌 나라의 도매 시장에 갔습니다.

거기에서 미순이는 벌꿀을 샀습니다. 개미 나라에서 운동화를 넣어 가지고 왔던 그 가방에 이번에는 벌꿀을 잔뜩 채워 넣었습니다. 그리고 잠자리 나라로 가는 비행기에 올랐습니다.

잠자리 나라에 도착한 미순이는 이번에도 제일 먼저 시장에 가서 벌꿀 장사를 했습니다. 잠자리 나라에서는 벌꿀이 아주 귀한 상품이었기 때문에 서로 앞을 다투어 사려고 했습니다. 이번에도 미순이는 많은 이익을 남길 수 있었습니다.

미순이는 벌꿀을 팔아서 번 돈으로 잠자리 나라 여행을 하고 돌아오는 비행기표도 살 수 있었습니다. 신나는 여행을 마치고 마지막으로 부모님과 친구들의 선물을 사러 다니던 미순이는 잠자리 나라의 예쁜 옷 앞에서 걸음을 멈췄습니다.

　잠자리들은 옷을 잘 만들기로 유명했습니다. 하늘하늘한 옷감을 짜서 예쁜 옷들을 만들었지요. 미순이는 여행을 하고 남은 돈으로 그 옷을 사서 가방을 채웠습니다.

　'이걸로 다음 여행을 준비해야지. 다음엔 어디로 갈까?'

무역은 수입과 수출로 이루어져요

사람은 혼자서 살 수 없고 여러 사람이 어울려서 살아야 합니다. 그러나 농사를 짓는 사람, 공장에서 물건을 만들어 내는 사람, 물건을 판매하는 사람, 여러 가지 서비스를 제공하는 사람 등 각자 하는 일은 다릅니다. 그래서 우리는 생활에 필요한 물건을 서로 교환해서 쓰며 살아갑니다. 물건과 물건을 맞바꾸는 것도 교환이지만, 돈을 주고 물건을 사는 것도 교환입니다. 자신에게 필요한 모든 물건을 혼자서 다 만들어 사용하는 것보다 각자 한 가지씩 일을 나눠 맡아서 하고, 그 생산물을 서로 교환해서 쓰면 훨씬 이익이 됩니다.

나라와 나라 사이에서도 교환이 이루어집니다. 이렇게 나라와 나라 사이에 물건을 사고 파는 것을 **무역**이라고 합니다.

무역은 수입과 수출로 이루어집니다. **수입**은 외국에서 생산된 상품을 국내 소비를 위해 구입하는 것을 말합니다. 각 나라는 수입을 통해 생

산 활동에 필요한 재료나 국내에서 나지 않는 필요한 물품을 확보할 수 있습니다. **수출**은 국내에서 생산된 상품을 외국에 판매하는 일입니다. 수출의 목적은 외화를 벌어들이는 데 있으며 이렇게 벌어들인 외화는 경제 성장에 큰 역할을 합니다.

미순이는 꿀벌 나라에 가서 신발을 팔았으니까 신발을 수출한 셈이 되고 잠자리 나라에서 옷을 사서 개미 나라로 돌아와 판다면 옷을 수입하는 셈이 됩니다.

옛날에는 교통이 발달하지 않았기 때문에 가까운 나라끼리만 무역을 할 수 있었고, 거래량도 많지 않았습니다. 하지만 요즘은 아무리 멀리 있는 나라라도 비행기나 배를 이용해서 물건을 실어 나를 수 있고, 거래량도 아주 많아졌습니다. 그리고 옛날에는 자기 나라에서 나지 않는 물건을 구하기 위해서 무역을 했지만 오늘날엔 주로 나라의 재산을 늘리기 위해 많이 합니다. 그 때문에 수입보다는 수출을 더 많이 하려고 합니다. 다른 나라에 물건을 팔면 그만큼의 돈을 벌어들이게 되니까요.

만약 여러분이 개미 나라의 미순이와 똑같은 방법으로 해외 여행을 간다면 어떤 물건을 사 가지고 가겠습니까?

물론 그 나라에 없는 물건, 그 나라 것보다 값이 싼 물건, 그 나라 것보다 질이 좋은 물건들을 사 가야 하겠지요. 그 나라에서 난 값싸고 질 좋은 물건이 잔뜩 쌓여 있다면 굳이 외국 것을 사려고 하지 않을 테니까요.

그럼 어떤 경우에 수입을 하는지 알아볼까요?

예를 들어서 커피나 원유는 우리 나라에서는 아무리 생산하고 싶어도 생산할 수 없기 때문에 모두 수입해야 합니다. 우리 나라에서 만들 수 있는 물건이라고 하더라도 다른 나라의 것이 더 품질이 좋고 싸다면 수입하는 것이 이익입니다. 시장에 나가 보면 중국이나 동남아에서 들여온 값싼 콩이나 물고기, 장난감 등이 많이 있습니다. 이런 상품은 물론 우리 나라에서 생산할 수 있는 것들이지만 우리 나라보다 훨씬 값싼 노동력으로 만들어 그만큼 물건값도 싸기 때문에 수입하는 것입니다.

생산 기술이 낮기 때문에 수입을 해야 하는 경우도 있습니다. 여러분 컴퓨터에 깔려 있는 여러 가지 프로그램이 이런 경우에 해당되지요. 몇몇 컴퓨터 프로그램처럼 높은 첨단 기술이 있어야 만들 수 있는 상품은 다른 나라에서 수입해 쓸 수밖에 없습니다.

지금까지 수입에 대해서 설명했는데 이것을 반대로 생각하면 어떤 물건을 수출해야 하는지도 쉽게 알 수 있습니다.

그렇다면 우리 나라에서는 어떤 물건을 많이 수출하고 있을까요?

많은 수출품 중에서 김치와 자동차, 반도체를 한번 생각해 봅시다. 김치는 우리 나라 고유의 음식으로 특이한 맛과 영양이 뛰어나 세계적으로 인기를 얻고 있는 상품입니다. 또한 자동차는 좋은 성능에 비해 비교적 싼 가격으로 여러 나라에서 인기가 높고, 반도체는 우리 나라가 가장 앞선 기술을 가진 수출 효자 상품입니다.

무역을 통해 들어오는 돈(수출로 벌어들인 돈)과 나가는 돈(수입으로 지출된 돈)의 차이를 **무역 수지**라고 합니다. 수출한 금액이 수입한 금액보다 더 많으면 무역 수지는 흑자(+)가 되고, 수입이 수출보다 더 많으면 무역 수지는 적자(−)가 되는 것입니다.

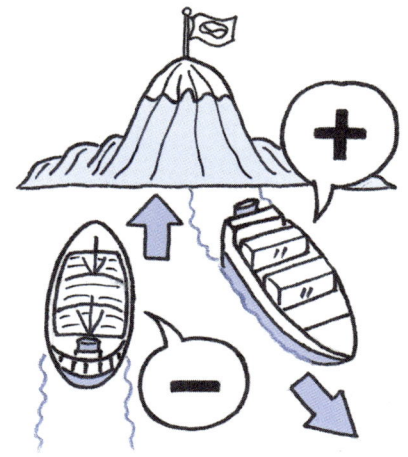

한울 이야기

미돌이의 꿀벌 나라 여행

　미순이가 혼자 힘으로 해외 여행에 성공하고, 게다가 잠자리 나라에서 사온 옷을 팔아 돈을 많이 벌었다는 소문은 개미 나라에 쫙 퍼졌습니다. 젊은이들은 너도나도 팔 수 있는 물건을 보따리에 싸 들고 해외 여행을 가려고 했고, 그 중에는 미돌이도 있었습니다.
　미돌이는 미순이보다 훨씬 더 멋진 여행을 다녀오기 위해 준비를 시작했습니다. 먼저 커다란 가방을 두 개 사고, 그 가방 안에 운동화보다 비싼 구두를 가득 채워 넣었습니다.
　미돌이가 처음 간 곳도 꿀벌 나라였습니다. 꿀벌 나라의 시장 한쪽에 구두를 펼쳐 놓은 미돌이는 서툰 꿀벌 나라 말로 이렇게 외쳤습니다.
　"값싸고 질 좋은 개미 나라 구두가 왔습니다."
　그러자 손님들이 하나둘씩 모여들어 구경을 했습니다.
　"이거 얼마요?"
　어떤 손님이 물었습니다. 그제서야 미돌이는 물건 값을 꿀벌 나라 돈으로 계산해 두지 않은 것을 깨달았습니다. 꿀벌 나라 사람들이 개미 나라 돈을 가지고 있을 리 없으니까 가격은 꿀벌 나라 돈으로 불러야 했습니다. 개미 나라에서는 구두 한 켤레에 1만 개미(개미 나라의 화폐 단위는 '개미' 입니다)에 사왔지만 꿀벌 나라에서는 도대체 얼마나 받아야 할지 알 수 없었습니다.

'개미 나라나 꿀벌 나라나 돈은 다 똑같겠지. 구두 한 켤레에 1만 개미에 사왔으니까 1만 5천씩 받으면 횡재하는 거야.'

이렇게 생각한 미돌이는 '1만 5천' 이라고 소리쳤습니다. 그러자 꿀벌들이 우르르 몰려와서 순식간에 그 많던 구두를 다 사가 버렸습니다. 어떤 꿀벌은 한번에 열 켤레나 사가기도 했습니다.

신이 난 미돌이가 돈을 세어 보았더니 150만 꿀벌(꿀벌 나라의 화폐 단위는 '꿀벌' 입니다)이었습니다.

'이 돈이면 꿀벌 나라를 여행하고 벌꿀을 100통은 살 수 있을 거야.'

미돌이는 느긋한 표정을 지으며 여관을 찾아갔습니다. 그런데 여관의 숙박 요금표를 본 미돌이는 그만 그 자리에 주저앉고 말았습니다. 하룻밤 숙박비가 자그마치 1백만 꿀벌이었기 때문입니다. 개미 나라에서는 하룻밤 숙박비로 2만 개미면 충분한데, 개미 나라보다 50배나 더 비싼 값이었습니다.

미돌이는 좀더 싼 여관이 없을까 이리저리 돌아다녀 봤지만 모두 비슷했습니다. 그러다 배가 고파진 미돌이는 음식점에 들어가 저녁을 먹으려 했습니다. 하지만 음식 값도 비쌀 것 같아 겁이 나서 선뜻 들어갈 수가 없었습니다.

생각 끝에 미돌이는 햄버거 가게로 갔습니다. 그 햄버거 가게는 개미 나라에도 있는 것으로, 개미 나라에서는 햄버거 하나에 1500개미를 받습니다. 그러니까 꿀벌 나라라고 해서 더 비싸게 받지는 않을 것 같았습니다. 그런데 이게 웬일입니까? 꿀벌 나라의 햄버거 가게에서는 똑같은 햄버거를 75000꿀벌이나 받는 것이었습니다. 그러나 너무 배가 고팠기 때문에 할 수 없이 75000꿀벌을 주고 햄버거를 사 먹었습니다.

그리고 나서 미돌이는 공항에 가서 의자에 앉은 채로 잠을 잤습니다. 그리고 이튿날 개미 나라로 돌아가는 첫 비행기를 타려고 했습니다. 그런데 이 일을 어쩌면 좋습니까? 비행기표 요금은 자그마치 2500만 꿀벌이나 하는 것이었습니다. 미돌이가 가진 돈으로는 어림도 없었습니다.

미돌이는 눈앞이 캄캄했습니다. 낯선 꿀벌 나라에서 오도가도 못하

고 굶어 죽을 것만 같았습니다. 미돌이는 공항에 주저앉아 엉엉 울었습니다. 그런데 그 때 귀에 익은 말소리가 들렸습니다. 개미 나라 말이었습니다. 꿀벌 나라에 유학온 개미가 지나가다가 울고 있는 미돌이를 발견한 것이었습니다.

미돌이의 사정을 다 듣고 난 유학생 개미는 한숨을 쉬었습니다.
"어쩌다 그렇게 미련한 짓을 했니? 개미 나라와 꿀벌 나라는 돈의 단위가 다를 뿐만 아니라 가치도 달라. 개미 나라 돈 1개미는 꿀벌 나라 돈 50꿀벌과 같단 말이야. 그러니까 네가 1만 개미에 사온 구두를 여기서 1만 5천 꿀벌에 팔았다면 300개미에 판 것과 마찬가지야. 75만 꿀벌은 받았어야 했는데……."
"그럼 어쩌지? 나 좀 도와줘."
미돌이가 눈물이 그렁그렁한 눈으로 유학생 개미에게 매달렸습니다.
"하는 수 없지. 내가 모자라는 돈을 빌려 줄 테니까 집에 돌아가는 대로 갚아."
미돌이는 유학생 개미에게 돈을 빌려서 겨우겨우 집으로 돌아왔습니다. 꿀벌 나라로 떠난 지 겨우 하루만에 돌아온 거지요. 미돌이가 꿀벌 나라에서 본 것이라고는 공항과 시장뿐이었습니다.

환율은 어떻게 결정 되나요?

세계 여러 나라는 각자 다른 돈을 사용하고 있습니다. 미국에서는 달러, 일본에서는 엔, 영국은 파운드, 독일은 마르크, 프랑스는 프랑을 씁니다. 이런 외국의 돈을 외국환, 또는 외환이라고 합니다.

우리 나라의 어느 회사가 미국으로부터 물건을 수입할 때는 은행에 가서 우리 나라 돈을 달러로 바꾼 뒤 값을 치러야 합니다. 우리 나라 뿐 아니라 세계 대부분의 나라에서는 외국과 거래를 할 때 달러를 사용합니다. 이렇게 세계 여러 나라에서 함께 사용하는 화폐를 **기축 통화**라고 합니다. 미국의 달러화가 가장 대표적인 기축 통화이지만 이외에도 일본의 엔화, 작년부터 유럽 여러 나라에서 함께 사용하는 유로화 등이 기축 통화 역할을 합니다.

우리 돈 10000원을 달러로 바꾸면 얼마일까요? 10000달러일까요? 그렇지 않습니다. 각 나라의 돈은 모두 가치가 제각각입니다. 그래서 서로 다른 나라끼리 무역을 할려면 돈을 통일해야 합니다. 우리 나라가 미국과 거래할 경우에는 우리 나라의 원화를 달러화로 바꿉니다. 그리고 프랑스와 거래를 할 경우, 두 나라 모두 달러로 바꿔야 합니다.

두 나라의 돈이 교환되는 비율을 **환율**이라고 합니다. 환율은 나라마다 조금씩 다른데 예를 들면 0000년 0월 0일 현재 미국 돈 1달러는 우리 돈 1200원과 바꿀 수 있습니다. 이 때 달러 대 원화의 환율은 1 : 1200입니다.

환율은 그 돈에 대한 수요와 공급에 의해 결정됩니다. 달러에 대한 수요가 늘어나면 달러의 가치가 올라 달러 대 원화의 환율이 올라가고, 수요가 줄어들면 떨어집니다. 또, 달러의 공급이 늘어날 경우에는 달러 대 원화의 환율이 떨어지고, 공급이 줄어들면 올라갑니다. 엔화나 유로화 등도 모두 마찬가지입니다.

환율은 수시로 변합니다. 환율이 오르거나 내렸다는 것은 곧 그 나라 돈의 가치가 올라가거나 떨어졌다는 뜻입니다. 예를 들어 달러와 원화의 환율이 1 : 1200에서 1 : 1300으로 올랐다면, 이것은 미국 돈의 가치가 1달러 당 1200원에서 1300원으로 올랐다는 의미인 것입니다. 거꾸로 말하면, 원화의 가치가 달러화에 대해 그만큼 떨어졌다는 거죠.

무역 분쟁 이야기

여왕개미와 여왕벌의 한판 승부

큰일났습니다. 개미 나라 여왕개미가 화가 머리끝까지 났습니다. 지난해 개미 나라는 수출은 거의 하지 못하고 수입만 하는 바람에 나라 빚이 엄청나게 늘어났기 때문입니다.

"우리 나라는 이제 완전히 빚더미에 올라앉았소. 이 빚을 다 갚기 전까지는 절대 아무것도 수입하지 못하게 하시오."

"마마, 그렇지만 아무것도 수입하지 않는다면, 우리 나라에서 나지 않는 원유와 철강 등은 어떻게 해야 하옵니까?"

신하들이 걱정스럽게 말했습니다.

그러자 여왕개미는 잠시 생각하더니, 이렇게 말했습니다.

"그럼 꼭 필요한 것만 수입하게 하세요. 벌꿀 같은 건 안 먹어도 살 수 있잖아요. 그런 것을 사들이는 데 외화를 낭비해서는 안 돼요. 그리고 우리 나라에서 이제 막 컴퓨터 산업이 발전하기 시작했는데, 외국에서 값싼 컴퓨터가 들어오는 바람에 국내 컴퓨터 회사들이 망해 가고 있어요. 그러니 컴퓨터도 수입을 금지시키세요."

그러자 이번에는 꿀벌 나라가 발칵 뒤집혔습니다. 꿀벌 나라는 개미 나라에 벌꿀, 커피, 보석, 컴퓨터 등을 수출하여 나라 살림을 해 나가고 있었기 때문입니다. 여왕벌은 화가 나서 소리쳤습니다.

"수출이 몇 달 사이에 갑자기 이렇게 줄어들다니, 이게 웬일입니까?"

여왕벌의 호령에 신하들은 쩔쩔매면서 이유를 설명했습니다.

"뭐라고요? 괘씸한 여왕개미 같으니라고. 그럼 우리도 그 동안 개미 나라에서 수입해 오던 신발, 가전 제품 등을 모두 다른 나라에서 수입하세요. 그리고 개미 나라에 원유도 수출하지 마세요. 우리가 원유를 팔

지 않으면 개미 나라는 몇 달 못 가서 망해 버리고 말 테니까."

이렇게 개미 나라와 꿀벌 나라가 싸우는 바람에 이익을 본 것은 잠자리 나라였습니다. 잠자리 나라는 개미 나라에 원유를 팔고, 꿀벌 나라에는 신발과 가전 제품 등을 팔았습니다. 개미 나라는 꿀벌 나라 것보다 비싼 잠자리 나라의 원유를 사 쓸 수밖에 없었고, 꿀벌 나라에서는 개미 나라 것보다 비싸고 품질도 떨어지는 잠자리 나라의 신발과 가전 제품을 사 쓸 수밖에 없었습니다.

꿀벌 나라가 원유를 팔지 않는데도 개미 나라가 큰 어려움 없이 나라 살림을 꾸려 나가자, 꿀벌나라 여왕벌이 잠자리나라의 왕잠자리를 불렀습니다.

"잠자리 나라의 물건을 제일 많이 팔아 주는 나라가 어느 나라지요?"
여왕벌이 거만하게 물었습니다.
"그야 물론 꿀벌 나라지요."
"그럼 내 부탁을 하나 들어 줘야겠어요. 내가 여왕개미를 혼내 주려고 개미 나라와 무역을 중지했는데, 잠자리 나라 때문에 뜻대로 되지 않고 있어요. 그러니 잠자리 나라도 개미 나라와 거래를 끊어 주세요."
왕잠자리는 아주 난처해졌습니다. 개미 나라와 무역을 하면 얻는 것이 많지만 여왕벌의 부탁을 들어 주지 않으면 꿀벌 나라와 무역을 못 하게 될 테니 두 나라 중 하나는 포기해야 했습니다. 결국 잠자리 나라는 개미 나라를 포기하고 꿀벌 나라를 선택하기로 했습니다.

이렇게 되자 무조건 수입을 줄이면 경제가 나아질 줄 알았던 여왕개미는 난처해졌습니다. 수입이 줄어든 만큼 수출도 줄어들었기 때문에 개미 나라의 경제는 더 어려워졌으니까요. 더구나 이제는 잠자리 나라에서도 원유는 물론 아무것도 팔지 않았기 때문에 나라가 완전히 엉망이 되어 버렸습니다. 길거리에는 휘발유가 없어서 세워 놓은 차들이 줄줄이 늘어섰고, 공장은 대부분 문을 닫았으며, 실직자들이 거리를 헤매고 다녔습니다.

여왕개미는 드디어 중대한 결정을 내렸습니다.

"당장 꿀벌 나라와 잠자리 나라에 사신을 파견하시오."

여왕개미는 꿀벌 나라에게 예전에 수입하던 물건 모두를 다시 수입하겠다고 약속했습니다. 다만 원유는 개미 나라의 경제가 아주 나쁘다는 이유를 둘러대고 예전 수입량의 절반만 수입하기로 했습니다. 또 잠자리 나라에는 계속 원유를 수입할 테니 가격을 낮추어 꿀벌 나라와 같은 가격에 팔라고 했습니다. 대신에 개미 나라의 컴퓨터를 수입해 줄 것을 약속 받았습니다. 거기다 개미 나라에서 많이 수출했던 신발과 가전 제품을 두 나라에 계속 수출하기로 했습니다.

이렇게 해서 개미 나라와 꿀벌 나라 사이의 무역 전쟁은 끝이 났습니다. 겉으로만 보면 이 전쟁에서 이긴 쪽은 분명 꿀벌 나라입니다. 하지만 개미 나라가 완전히 패배했다고 말할 수는 없습니다.

개미 나라는 다시 수입을 허용하면서 막혔던 수출길도 다양하게 넓혔기 때문입니다.

여왕개미에게는, 나라와 나라 사이에 적절하게 수입하고 동시에 수출도 하며 '경제 평화'를 유지하는 지혜를 얻은 것이 무엇보다 큰 소득이었습니다.

자유 무역과 보호 무역

물론 모든 나라들은 수입보다 수출을 많이 하고 싶어합니다. 다른 나라에 물건을 많이 팔면 팔수록 자기 나라 경제에 이익이 되니까요. 그러나 수출을 하고 싶다고 해서 마음대로 원하는 만큼 할 수 있는 것은 아닙니다. 각 나라는 여러 방법으로 수입을 제한하기 때문이죠.

예를 들어 수입품에 대하여 높은 관세(어떤 물건이 국경을 통과할 때 붙는 세금)를 물리거나 수입을 아예 금지하거나 또는 어느 정도 이상은 수입할 수 없도록 수입량을 미리 정해 놓는 것 등의 방법이 있습니다. 이렇게 자기 나라의 산업을 보호하기 위

해 수입을 제한하고 수출을 도와주는 등 무역에 관여하는 것을 **보호 무역**이라고 합니다.

반면 이런 제한 없이 나라와 나라 사이에 자유롭게 수입과 수출이 이루어지는 것을 **자유 무역**이라고 합니다.

예전에는 서로 필요한 물건을 교환하는 것이 무역이었지만, 오늘날엔 꼭 필요해서라기보다 나라의 재산을 늘리기 위해 하는 경우가 더 많습

니다. 그래서 자기 나라에도 있는 상품을 수입하기도 하고, 품질 좋은 상품을 다른 나라에 수출하기도 합니다. 각 나라도 시장에서처럼 수요자도 되고 공급자도 되면서 자유롭게 경쟁하는 것이죠. 이렇게 하면 세상은 더 풍요로워지고 사람들은 더욱 편리한 생활을 할 수 있게 될 것입니다. 이것이 세계 여러 나라들이 무역의 기본 원칙으로 생각하고 있는 자유 무역입니다.

하지만 순수하게 자유 무역만을 하고 있는 나라는 세상 어디에도 없다고 할 수 있습니다. 각 나라의 사정에 따라 보호 무역의 방법을 쓰는 경우가 많죠.

예를 들어 만약 한 나라에서 어느 한 가지 상품만 생산하고 나머지를 모두 수입할 경우, 그 상품이 잘 팔리지 않을 때 나라 전체가 큰 어려움을 겪게 될 것입니다. 이런 위험을 줄이려면 보호 무역을 하는 동안 다양한 산업을 발전시켜 외국 상품과 경쟁할 수 있도록 할 필요가 있습니다.

개미 나라의 컴퓨터 산업처럼 새로 시작한 산업의 경우에도 보호 무역이 필요합니다. 기술이 떨어지기 때문에 처음부터 외국 기업과 경쟁해서 이기기 어렵기 때문입니다. 예를 들어 자동차를 전혀 생산하지 못하던 나라에 처음으로 자동차 공장이 세워졌다면 이 공장에서 만드는 자동차는 외국의 것보다 훨씬 비싸고 품질도 떨어질 수밖에 없습니다. 이럴 때 외국의 자동차가 수입되면 사람들은 누구나 수입 자동차를 사려고 할 것입니다. 그러면 새로 생긴 기업은 더 이상 성장하지 못한 채

문을 닫을 수밖에 없겠지요. 이런 식이라면 그 나라는 영원히 자동차를 만들어 낼 수 없을 것입니다.

또, 식량의 경우는 완전히 수입에만 의존할 수 없기 때문에 정부에서는 자기 나라의 농업을 보호할 수밖에 없습니다. 그렇게 하지 않으면 수출하는 나라에서 가격을 올리거나 공급을 중단할 경우 나라 전체가 심각한 위기에 빠질 수도 있으니까요.

그런데 자유 무역을 버리고 보호 무역을 선택한 여왕개미는 어떤 실수를 한 것일까요?

당장 꿀벌 나라에 손해를 줄 수밖에 없는데도 나라에서 나서서 무조건 어떤 물건들을 수입하지 않겠다고 한 것입니다. 그러면서 자기 나라의 물건만을 꼬박꼬박 다른 나라에 수출하겠노라 일방적으로 선언한 것입니다. 이런 식으로 했으니 꿀벌 나라가 개미 나라를 곱게 보고만 있을 리 없었겠죠. 친구 사이나 나라 사이나 지켜야 할 규칙이 있고, 자기 이익을 위해 남에게 피해를 주어서는 안 된다는 믿음이 있어야 하는 법인데 말입니다. 여왕개미의 정책은 당장은 이익이 되지만 멀리 보면 개미 나라 뿐 아니라 주변 나라에까지 손해를 끼칩니다.

개미 나라와 꿀벌 나라의 갈등처럼 실제 세계의 여러 나라 사이에는 여러 가지 무역 분쟁이 있습니다. 그래서 오늘날 우리는 '경제 전쟁'의 시대를 살아가고 있다고 말합니다.

  이런 다툼을 예방하고 분쟁이 생겼을 때 효과적으로 조정하기 위해 세계 여러 나라가 모여 함께 만든 것이 세계 무역 기구(WTO)입니다. 2차 세계 대전 후 세계 평화를 위해 국제 연합(UN)을 만든 것처럼 세계 무역의 질서와 평화를 위해 세계 무역에 관한 공통되는 규칙을 세운 것이죠.

  세계 무역 기구의 최종적인 목표는 완전한 자유 무역이라 할 수 있습니다. 그러나 그렇게 되면 절대 유리한 것은 미국 등 선진국입니다. 그래서 나머지 나라들은 약간씩 보호 무역을 할 수밖에 없는 사정을 이해해 줘야 한다고 주장합니다. 당장 완전한 자유 무역을 하게 되면 부자 나라는 더 부자가 되고 가난한 나라는 더욱 가난해질 수밖에 없다는 것이지요. 도깨비 방망이나 알라딘의 램프를 각 나라에 하나씩 주는 것 빼고, 지구상의 모든 나라가 함께 어울려 잘 사는 길이 어디 없을까요?

미순이의 용돈 기입장

개미 나라의 미순이는 올해 5학년이 되었습니다. 5학년이 되면서 미순이가 결심한 것 중 하나가 용돈 기입장을 열심히 쓰는 것이었습니다. 미순이의 일 주일치 용돈은 6000개미였는데 그 동안은 용돈을 받는 대로 다 써버리고 꼭 사야 할 것이 생길 때는 엄마를 졸라서 다시 돈을 타 내곤 했습니다. 그러니 저축은 당연히 한 푼도 못했지요. 4학년 때 엄마가 만들어 주신 미순이의 통장은 텅 비어 있고, 돼지 저금통도 배를 갈라버린 지 오래입니다.

용돈을 받던 날 미순이는 제일 먼저 용돈 기입장을 샀습니다. 그리고 그날부터 꼼꼼하게 수입과 지출을 적기 시작했지요.

그렇지만 미순이의 씀씀이가 금세 변할 리 없습니다. 이번에도 용돈 탄 지 사흘도 안 돼서 주머니가 텅텅 비어 버렸습니다.

"도대체 어디다 돈을 다 써 버린 걸까?"

미순이는 용돈 기입장을 펼쳐 놓고 살펴보았습니다. 아이스 크림, 초콜릿, 햄버거, 떡볶이……. 미순이의 용돈은 모두 군것질값으로 나가 버린 것이었습니다.

　다음 용돈 탈 때까지는 아직 나흘이나 남았는데 그 때까지 어떻게 살아야 할지 걱정이었습니다. 금요일에는 미술 준비물을 사야 하고, 토요일에는 친구 생일 파티에도 가야 하는데. 궁리 끝에 미순이는 언니 미선이한테 돈을 꾸기로 했습니다. 다음 용돈 탈 때 꼭 갚기로 하고 3000개미를 빌렸습니다.

　이렇게 해서 미순이가 일 주일 동안 쓴 용돈 기입장의 내용은 아래와 같습니다.

　일 주일 결산을 해 보니 수입과 지출, 그리고 잔액이 딱 맞아떨어졌

날짜	수입	지출	내용	잔액
3월 2일(월)	6,000개미		용돈	6,000개미
		500개미	용돈 기입장	5,500개미
		500개미	아이스 크림	5,000개미
		1,000개미	떡볶이	4,000개미
3월 3일(화)		2,000개미	햄버거	2,000개미
		500개미	콜라	1,500개미
3월 4일(수)		500개미	초콜릿	1,000개미
		1,000개미	붕어빵	0개미
3월 5일(목)	3,000개미		언니에게 빌린 돈	3,000개미
3월 6일(금)		200개미	도화지	2,800개미
3월 7일(토)		2,500개미	친구 생일 선물	300개미
계	9,000개미	8,700개미		300개미

습니다. 미순이는 남은 돈 300개미를 저금통에 넣었습니다.

다음 날 엄마가 다시 일 주일치 용돈을 주셨습니다.

"아껴서 써야 한다."

엄마의 말에 미순이는 자신 있게 대답했습니다.

"걱정 마세요. 지난 주에는 300개미 저축했으니까 이번 주에는 더 많이 할 거예요."

용돈을 받자마자 기다렸다는 듯이 언니 미선이가 달려와서 지난 주에 꾸어 간 돈 3000개미를 갚으라고 했습니다. 3000개미를 갚고 나자 남은 돈은 3000개미뿐이었습니다. 사흘 만에 3000개미를 다 써 버린 미순이는 다시 언니에게 4000개미를 빌렸습니다. 이번 주에는 새로 나온 게임을 하러 PC방에 몇 번 가는 바람에 돈을 많이 쓰고 말았습니다.

주말에 결산을 해 보니 두 번째 주의 수입과 지출도 딱 맞아떨어졌고, 500개미가 남아서 저축을 했습니다. 미순이는 기분이 아주 좋습니다. 저번 주보다 200개미나 더 저축했기 때문입니다.

미순이는 얼마 되지는 않았지만 돼지 저금통에 다시 돈이 쌓이기 시작하니 무척 기분이 좋았습니다. 나중에 돈이 많이 모이면 그 돈으로 멋진 자전거를 살 꿈에 부풀었습니다.

하지만 미순이의 꿈은 오래 가지 못했습니다. 바로 다음 날 용돈을 받자마자 언니 미선이가 빌려간 돈을 갚으라고 했기 때문입니다. 언니에게 빌린 돈을 갚고 나니 미순이는 금세 빈털털이가 되고 말았습니다. 미순이는 이번에도 언니에게 돈을 빌려 달라고 했습니다. 하지만 언니의 태도는 쌀쌀맞았습니다.

"안 돼. 그동안 모아둔 돈으로 오늘 자전거 사러 갈 거야."
결국 미순이는 800개미가 든 저금통을 한심한 표정으로 물끄러미 바라보았습니다. 앞으로 일 주일씩이나 그 맛있는 떡볶이랑 햄버거, 초콜릿을 먹지 못한다고 생각하니 앞이 깜깜해졌습니다.

클릭! 어린이 경제

국제 수지란 무엇을 말하나요?

미순이가 용돈 기입장을 쓰는 것처럼 엄마는 가계부를 쓰고, 회사에서도 수입과 지출을 기록하는 회계 장부가 있습니다. 이렇게 해야 어디서 얼마가 들어왔고, 어디에 얼마를 썼는지를 알 수 있으니까요. 미순이의 용돈 기입장처럼 수입이 지출보다 많은 경우는 흑자라고 하고, 반대로 수입보다 지출이 많은 경우는 적자라고 합니다.

그런데 미순이의 용돈 기입장은 정말 흑자일까요? 미순이는 언니에게 빌린 돈을 모두 수입에 집어넣었습니다. 그러다 보니 수입이 많아지고 주말에 결산을 해 보면 돈이 남았던 거지요. 언니에게 빌린 돈을 갚고 나면 사실은 적자인데도 말이에요.

만약 국가에서도 미순이처럼 수입과 지출을 계산한다면 큰일이겠지요? 그래서 정해진 기간 동안 한 나라에 들어온 돈과 나간 돈의 흐름을 비교하는 **국제 수지**라는 것이 필요한 것입니다.

국제 수지에는 몇 가지가 있는데 그 중 가장 널리 쓰이는 것이 경상 수지입니다. 경상 수지는 상품 및 서비스의 지출액과 수입액을 비교합니다. 그러니까 수입액에는 외국에 물건을 수출해서 벌어들인 돈,

외국에 나가 일을 해 주고 벌어들인 돈, 외국 사람들이 우리 나라에 여행을 와서 쓰고 간  돈 등이 해당됩니다. 지출액에는 외국의 상품을 수입하여 지출한 돈, 우리 나라에 와서 일하는 외국인들이 벌어간 돈, 우리 나라 사람들이 외국에 나가서 쓴 돈 등이 포함됩니다.

하지만 최근에는 경상 수지만으로는 국제 수지를 정확하게 알 수 없어졌습니다. 앞서 살펴본 것처럼, 지금 세계 경제는 한 기업이 그 나라 뿐 아니라 세계 어느 나라에 가서도 자유롭게 물건을 팔 수 있는 자유 무역을 향해 나아가고 있습니다. 물건을 팔 수 있는 것 뿐 아니라 돈을 빌려 주거나 투자하는 것도 자유로워지고 있습니다. 외국인들이 우리 나라 기업의 주식을 살 수 있고, 우리 나라 은행에 돈을 맡길 수도 있게 된 거지요.

그래서 외국에서 장기간 빌려 오거나 빌려 준 돈, 또는 외국인이 우리 기업에 투자한 돈 등은 국제 수지의 계산에 넣기도 합니다. 우리 나라 사람이나 기업 또는 정부가 외국에 빌려 주거나 투자한 돈도 지출에 포함시키고요. 그렇다고 국제 수지 적자를 메우기 위해 잠깐 빌려 오거나 잠깐 빌려 준 돈까지 국제 수지에 포함시키는 것은 아닙니다.